AI 주권과 지속 가능한 공공 파운데이션 모델

AI문고

인공지능 시대입니다. 기계가 인간의 인지를 대신하고, 사물이 인간을 통하지 않고 다른 사물과 직접 커뮤니케이션합니다. 이에 따른 인간 삶과 문명 변화를 정확히 이해·예측·대응하는 것은 이 시대 우리 모두의 과제입니다. AI문고는 인공지능 기술과 환경의 여러 주제를 10가지 키워드로 정리합니다. 관련 개념과 이론, 학계와 산업계의 쟁점, 우리 일상의 변화를 다룹니다. 인간과 기술의 현재, 미래를 세심히 분석합니다.

일러두기

- 인명, 작품명, 저서명, 개념어 등은 한글과 함께 괄호 안에 해당 국가의 원어를 병기했습니다.
- 외래어 표기는 현행 어문규정의 외래어표기법을 따랐습니다.

처음이세요?

전문가세요?

AI 주권과 지속 가능한 공공 파운데이션 모델

윤창희

대한민국, 서울, 커뮤니케이션북스, 2025

AI 주권과 지속 가능한 공공 파운데이션 모델

지은이 윤창희
펴낸이 박영률

초판 1쇄 펴낸날 2025년 9월 5일

커뮤니케이션북스(주)
출판 등록 2007년 8월 17일 제313-2007-000166호
02880 서울시 성북구 성북로 5-11
전화(02) 7474 001, 팩스(02) 736 5047
commbooks@commbooks.com
www.commbooks.com

ISBN 979-11-430-0849-7 03500

책값은 뒤표지에 표시되어 있습니다.

차례

AI 시대, 공공의 역할은 무엇인가

인공지능(AI), 특히 생성형 AI의 비약적인 발전은 단순한 기술 혁신을 넘어 사회 전반에 깊은 변화를 가져오고 있다. 불과 몇 년 전만 해도 먼 미래의 일로 여겨졌던 기술이 이제는 우리의 일상과 행정, 산업, 교육, 복지에 이르기까지 폭넓게 확산되었으며, 이에 따라 공공의 역할 또한 근본적으로 재정의되고 있다.

대표적인 사례로, 오픈AI(OpenAI)의 챗GPT는 출시 두 달 만에 전 세계 1억 명 이상의 사용자를 확보하며 그 속도와 파급력에서 전례 없는 대중화를 이끌었다. 이와 같은 생성형 AI의 등장은 단순히 개인의 정보 활용 방식을 바꾸는 데 그치지 않고, 사회적 의사 결정, 공공 서비스의 전달 방식, 행정 효율성 등 정부의 구조와 기능 전반에 변화를 요구하고 있다. AI가 공공의 일에 미치는 영향은 더 이상 미래의 과제가 아닌 현재의 실천 과제로 다가온 것이다.

이러한 전환기 속에서 정부와 공공 부문은 기존의 역할을 넘어 새로운 사회적 책무를 부여받고 있다. 단순한 규제 기관을 넘어, 기술이 초래할 수 있는 위험으로부터 국민의 권리와 안전을 보호하는 '안전망'인 동시에 기술 발전의 동력을 억제하지 않으면서도 사회 전체의 편익을 극대화하는 '조율자', 그리고 새로운 기술의 공익적 가치를 실험하고 증명하는 '선도자'로서의 역할이 강조되고 있다.

국제사회에서도 AI 규제와 활용을 둘러싼 논의의 핵심은, 기술 혁신과 시민 권리 보호 간의 균형이다. 규제가 지나치면 혁신을 위축시키고, 규제의 공백은 AI 기술의 오남용, 편향된 판단, 개인정보 유출 등 심각한 사회적 위험을 초래할 수 있기 때문이다. 따라서 공공의 역할은 이러한 위험을 최소화하면서, 기술이 인간 중심적이고 사회 전체에 기여하도록 이끄는 데 있다. 다시 말해, 공공은 'AI 기술의 통제자'가 아니라 '책임 있는 발전을 위한 안내자'가 되어야 한다.

이와 같은 문제의식 속에서 국제기구와 주요국 정부는 '신뢰할 수 있는 공공 AI' 구축을 위한 정책 원칙과 전략을 활발히 수립하고 있다. 경제협력개발기구(OECD)는 2019년 'AI 권고 원칙(AI Principles)'을 발표하며 포용적 성장, 인간 중심의 가치, 투명성과 설명 가능성, 안전성 및 지속 가능성, 책임성 같은 핵심 가치를 제시했다. 유네스코도 2021년 12월 전 세계 회원국의 합의를 바탕으로 'AI 윤리에 관한 권고(Recommendation on the ethics of artificial intelligence)'를 채택하며, AI 개발이 인간의 존엄, 법치주의, 지속 가능한 발전의 원칙에 부합해야 함을 명확히 했다. 유럽연합(EU)은 세계 최초로 AI를 위험 기반으로 차등적으로 규제하는 법제인 「EU AI 법(EU AI Act)」을 마련하며, AI 규제의 세계적 방향성을 주도하고 있다. 이는 규제 그 자체보다, 신뢰와 공익의 원칙을 바탕으로 AI를 사회에 통합시키기 위한 국제적 흐름을 반영한다.

또한, 2023년 영국 정부, 2024년 대한민국 정부, 2025년 프랑스 정부가 연이어 개최한 'AI 안전 정상회담(AI Safety Summit)'은 국제 사회가 AI의 안전성과 책임성 확보를 위해 협력하는 대표적인 장으로 자리매김했다. 이 회의들은 각국 정부 주도의 논의를 통해 AI 위험 평가, 안전 기준, 거버넌스 체계 마련 등 구체적 실행 방안을 심도 있게 다루었으며, 기술 발전과 안전성 확보 간의 균형을 위한 글로벌 합의를 확산시키고 있다. 이는 단순한 규제가 아니라, 신뢰와 공익의 원칙을 바탕으로 AI를 사회에 통합시키려는 국제적 흐름을 반영한다.

최근에는 'AI 주권(Sovereign AI)' 개념이 부상하고 있다. 이는 특정 국가가 외부 기술이나 인프라에 의존하지 않고, 자국의 인력 · 데이터 · 언어 · 문화적 자산과 더불어 데이터 · 운영 · 소프트웨어 주권을 포함한 기술 인프라 역량을 바탕으로 독립적이고 지속 가능한 AI 생태계를 구축하는 능력을 의미한다. 이러한 AI 주권은 문화적 정체성, 언어 다양성, 정치적 자율성을 지키는 동시에, 공공데이터를 자국 내에서 통제 · 활용하는 데이터 주권과도 직결된다.

국제적으로 유럽연합은 '가이아-X(Gaia-X) 프로젝트'를 통해 자국 기업 · 기관의 데이터를 안전하게 관리할 수 있는 주권형 클라우드 인프라를 구축하고 있으며, 영국은 'AI 기회 활용 실행계획(AI Opportunities Action Plan)'을 기반으로 슈퍼컴퓨터, 국가 데이터 라이브러리, AI 안전연구소(AI Safety Institute)를 연계해 국가 주도의 AI 안전성과 자립 역량을 강화하고 있다. 글로벌 기업들도 '주권 클라우드(Cloud for Sovereignty)', '국가를 위한 오픈AI(OpenAI for Countries)'와 같은 맞춤형 주권형 AI · 클라우드 서비스를 통해 각국의 데이터 위치, 접근 제어, 보안을 보장하고 있다.

이런 흐름 속에서 영국은 의료 · 교육 등 공공 분야에서 신뢰할 수 있는 AI 활용을 목표로 1억 파운드 규모의 파운데이션 모델 개발 TF를 출범시키고, AI 안전 정상회담 논의와 연계해 안전성 검증·표준화 체계를 병행하고 있다. 프랑스는 다국적 협업 프로젝트 '빅사이언스(BigScience)'를 통해 2022년 블룸(BLOOM)이라는 대규모 다국어 오픈소스 모델을 개발하며 공공성과 투명성을 기반으로 한 AI 개발의 전환점을 마련했다. 이후 프랑스계 미국 기업 허깅 페이스(Hugging Face)는 스타코더2(StarCoder2)를 비롯한 후속 모델을 개발해 오픈 AI 생태계 확장을 이어 가고 있으며, 이는 유럽의 AI 주권 전략과 공공 주도 AI 모델 개발의 대표적 사례로 평가받고 있다. 최근 2023~2024년 프랑스에서 설립된 미스트랄 AI(Mistral AI)는 경량·고성능 오픈모델을 출시하며 유럽 내 AI 경쟁력을 강화하고 있다. 프랑스 정부는 이를 '유럽 AI 자립' 전략의 주요 사례로 지원·홍보하고 있으며, 미스트랄 AI는 EU AI 법의 원칙과 유럽 AI 팩토리 등 범유럽 차원의 AI 인프라·생태계 확대 흐름과도 맞물려 있다.

한국의 상황

한국도 AI 주권 확보와 공공 활용 확산에 한층 더 속도를 내고 있다. 네이버는 초거대 한국어 기반 모델 하이퍼클로바X(HyperCLOVA X)를 2023년 출시해, AI 추론 능력, 도메인 적응력, 사용자 맞춤화 기능에서 글로벌 수준과 어깨를 나란히 하고 있다. 이어 2025년에는 하이퍼클로바X의 경량화 버전을 오픈소스로 공개해 중소기업과 공공기관의 LLM(Large Language Model, 대규모 언어 모델) 활용 장벽을 낮췄으며, 특히 한국어와 다국어 대응 성능을 강화해 AI 서비스의 국산화 · 자립에 기여한 사례로 평가받고 있다. LG AI연구원은 2025년 엑사원-3(EXAONE-3) 모델 시리즈(3.0 및 3.5)를 연구 목적의 오픈소스로 공개하며, 한글 기반 성능과 텍스트-이미지 통합 처리 능력을 확보했다. 이를 기반으로 제조 · 헬스케어 등 산업 특화형 AI 서비스로 확장하고, 오픈소스 커뮤니티와 산업 협력을 통한 생태계 구축을 추진하고 있다. 이에 따라 한국은 미국, 중국, 프랑스 등에 이어 'AI 풀스택(Full-stack) 국가' 반열에 진입한 것으로 평가받는다. 최근에는 삼성전자 등 대기업들도 초거대 AI 생태계에 본격적으로 뛰어들며, AI 반도체에서부터 모델 최적화에 이르기까지 국산화 기술력 강화에 집중하고 있다.

그러나 AI 주권은 단순히 기술을 보유하는 데 그치지 않으므로, 공공의 전략적 개입은 여전히 중요하다. 민간 기술력만으로는 공공적 가치 실현이 제한적일 수 있으며, 특히 사회적 약자나 소외 계층의 접근성 보장, 기술의 윤리성 확보, 서비스의 형평성 등은 공공이 책임져야 할 과제다. 이에 따라 공공은 단순한 소비자가 아닌 기획자 · 운영자 · 조정자로서 적극 참여해야 한다는 요구가 높아지고 있다.

특히 공공 영역에서 AI를 통해 누구도 소외되지 않는 포용적 서비스를 제공하고, 신뢰 가능한 윤리 원칙과 사용 기준을 정립하며, 다양한 사회 구성원이 기술의 수혜자가 되도록 하는 방향으로 정책이 설계되어야 한다. 예컨대, 장애인 대상 맞춤형 상담 서비스, 노인 돌봄 예측 시스템, 지역 언어에 최적화된 챗봇 도입 등의 AI 기술은 공공성과 사회적 정의를 실현하는 구체적 수단이 될 수 있다.

이러한 흐름 속에서 이재명 정부는 '모두의 AI' 정책을 가치로 내세워, 대통령 직속 '국가인공지능위원회'의 역할을 실질적인 AI 컨트롤 타워로 강화하며, 공공 부문 중심의 AI 생태계 전략을 고도화하고 있다. 대통령실에 'AI 미래기획수석'을 신설하고, 국가 최고인공지능책임자(CAIO, Chief Artificial Intelligence Officer)를 임명해 AI 정책의 일관성과 실행력을 제고하고자 하며, 범국가적

인공지능 전략 수립·추진을 위한 'AI 전략 기구' 설치도 병행하고자 한다. '모두의 AI'는 국민 누구나 안전하고 편리하게 AI를 활용할 수 있도록 하는 포용적 서비스 확산과 공공 분야의 신뢰성 확보를 핵심 목표로 삼고 있다.

2024년부터는 공공용 대규모 언어 모델(LLM) 개발 및 실증 예산이 본격 투입되었고, 2025년 현재 AI 국가 전략프로젝트의 일환으로 'WBL 프로젝트'를 추진해 GPU (그래픽처리장치) 인프라를 집중 지원하며, 단기간 내 세계 최고 수준의 모델 확보를 목표로 하고 있다. 정부는 이를 기반으로 공공 데이터를 활용한 모델 학습·운영 플랫폼을 구축하고, 공공 AI 인프라를 단계적으로 확산하고 있다.

한편, 최근 강조되는 '공공 부문 오픈 소스 LLM 활용' 개념은 기술 주권과 투명성 확보, 비용 효율성까지 동시에 달성할 수 있는 새로운 접근으로 주목받고 있다. 이를 통해 정부는 공공 데이터 기반의 모델 학습과 실증을 지원하고, 민간은 이를 활용해 다양한 서비스와 혁신을 확장하는 '공공-민간 협력형 AI 발전 모델'로 구체화할 수 있다.

요컨대, 한국의 공공 부문은 AI 기술의 사용자를 넘어, 신뢰성 확보자이자 생태계 촉진자로서 국가 전체의 AI

주권과 경쟁력을 실질적으로 뒷받침해야 한다. 이는 단기적인 기술 도입을 넘어, 장기적으로 AI를 통한 지속 가능한 사회 시스템 전환이라는 공공의 사명을 실현하는 핵심 경로가 될 것이다.

공공 부문은 AI 시대에 규제자(regulator), 촉진자(enabler), 선도 사용자(lead user)로서 삼중의 역할을 수행해야 한다. 민간 부문이 기술을 개발하고 확산시키는 데 올바른 방향성을 제시하는 것은 공공의 책임이며, 동시에 공공 서비스 영역에서 AI를 적극적으로 실험하고 성공 사례를 만들어 냄으로써 기술의 사회적 수용성을 높이고, 공공선을 실현할 기반을 마련하는 것도 공공의 몫이다. 나아가 필수 인프라와 기반 기술에 대한 공공의 직접 투자와 지원은 지속 가능한 AI 생태계를 위한 핵심 조건이다.

AI는 이제 단순한 기술이 아니라 사회 구조를 재편하는 힘이다. 공공은 이 변화를 따라가는 존재가 아니라, 방향을 제시하고 공동체 전체가 함께 나아갈 수 있도록 이끄는 중심축이 되어야 한다. 우리가 지금 묻고 실천해야 할 질문은 다음과 같다. “AI는 누구를 위해 작동하고 있는가? 그리고 공공은 그 방향을 제대로 설계하고 있는가?”

참고문헌

고민서(2025.6.25). 국산에 국산 더했다… 우리 기술로 만들어진 '소버린 AI' 시동. 《매일경제》, https://www.mk.co.kr/news/it/11352492

김보경(2024.3.5). [단독] 2025년까지 국가 LLM 만든다… '공공업무 혁신'. 《아시아경제》, https://www.asiae.co.kr/article/2024030508572989518

김용래(2019.5.22). '인공지능, 인권·민주주의 존중해야' 국제사회 AI 원칙 첫 채택. 연합뉴스, https://www.yna.co.kr/view/AKR20190522171100081

변종국(2024.7.8). '우리의 언어-문화로'… 세계는 '소버린 AI' 개발 붐. 《동아일보》, https://www.donga.com/news/Economy/article/all/20240707/125813922/2

홍화경(2023.2.6). [친절한 뉴스K] 두 달 만에 1억 명 '챗GPT' 돌풍… 윤리 합의 시급. KBS 뉴스, https://news.kbs.co.kr/news/view.do?ncd=7598579

CNRS(2022.7.12). Release of largest trained open-science multilingual language model ever, https://www.cnrs.fr/en/press/release-largest-trained-open-science-multilingual-language-model-ever

Servicenow(2024.2.28). ServiceNow, Hugging Face, and NVIDIA release new open-access LLMs to help developers tap generative AI to build enterprise applications, https://www.servicenow.com/company/media/press-room/huggingface-nvidia-launch-starcoder2.html

UK Government(2023.4.24). Initial £100million for expert taskforce to help UK build and adopt next generation of safe

AI,
https://www.gov.uk/government/news/initial-100-million-for-expert-taskforce-to-help-uk-build-and-adopt-next-generation-of-safe-ai

01
오픈 소스 LLM의 부상

오픈 소스 LLM의 부상은 AI 기술 주권과 공공성 실현을 위한 전략적 전환점이다. 폐쇄형 모델 의존에서 벗어나 투명성과 자율성을 기반으로 공공 서비스를 재구성할 수 있는 가능성이 열렸으며, 한국은 디지털 주권 · 책임 있는 AI · 국제 협력이라는 공공 전략 목표를 오픈 LLM 생태계와 접목해 실현할 수 있는 결정적 기회를 맞고 있다.

AI와 1인 창업?

오픈 소스 LLM의 부상과 공공 전략의 재구성

2025년 현재, 오픈 소스 LLM(Large Language Model, 대규모 언어 모델)의 부상은 인공지능 기술 생태계 전반에 획기적인 전환점을 형성하고 있다. 2022년까지만 해도 GPT-3를 포함한 거대 언어 모델은 구글, 오픈AI, 메타 등 일부 빅테크 기업이 독점적으로 개발 · 제공하던 기술이었다. 그러나 2023년을 기점으로 라마(LLaMA), 팰콘(Falcon), 블룸(BLOOM) 등 다양한 고성능 모델이 오픈 소스로 공개되면서, 공개된 LLM의 수가 비공개 모델 수를 앞질렀고, 현재까지도 그 증가 속도는 가속화되고 있다. 2024~2025년에는 메타, 애플 같은 대형 기업까지 오픈 생태계에 본격 참여함으로써, AI 기술의 민주화, 개방성, 주권 강화를 핵심 가치로 하는 새로운 흐름이 형성되고 있다.

이러한 오픈 LLM의 등장은 크게 두 가지 구조적 배경에서 비롯된다. 첫째는 폐쇄형 모델에 대한 의존성에서 비롯되는 위험 요소에 대한 문제 제기다. 상용 API 기반 접근은 반복 비용이 높고, 내부 알고리즘이 불투명해 설명 가능성과 신뢰성 확보에 한계가 있다. 특히 공공 부문이나 민감 정보가 오가는 기관에서는 데이터 외부 유출 가능성과 법적 책임 이슈로 인해 폐쇄형 모델 활용에 어러움을 겪어 왔다. 둘째는 맞춤형 활용에 대한 수요의 급증이다. 각국 정부, 지방 자치 단체, 연구 기관, 산업계는 자국의 언어, 법제도, 서비스 환경에 맞는 AI를 설계 · 응용하기 위해 모델의 구조, 파라미터, 학습 코드가 공개된 상태에서의 수정과 미세 조정(Fine-tuning)을 요구하고 있으며, 이는 자연스럽게 오픈 LLM 생태계 확장으로 이어지고 있다.

오픈 소스 LLM의 가장 큰 강점은 투명성과 확장성이다. 모델 구조, 학습 데이터세트, 소스 코드, 학습 로그 등이 공개되어 있어 편향성과 안전성을 외부 전문가 및 커뮤니티가 함께 검증할 수 있으며, 버그나 보안 취약점 또한 빠르게 발견 · 보완된다. 무엇보다 공공 접근성이 높아 누구나 모델을 다운로드해 온프레미스(On-premise, 내부망) 환경에서 자체 운용할 수 있으며, 이는 데이터 주권 확보와 프라이버시 보호 측면에서 큰 장점을 제공한다. 외부 클라우드로의 전송 없이 자체 연산 환경에서 민감 데이터를 처리할 수 있다는 점은, 특히 공공 기관과 의료 · 금융 등 고위험 분야에서 오픈 LLM이 유력한 대안으로 떠오르는 배경이기도 하다.

비용 효율성도 주목할 부분이다. 상용 API는 요청 건당 비용이 누적되며 장기적으로 예산 부담이 크지만, 오픈 LLM은 일단 모델을 확보한 이후에는 그래픽처리장치(GPU) 인프라만 확보된다면 장기간 반복 사용이 가능하다. 이에 따라 국내외 여러 중견기업과 공공 기관은 자체 LLM 구축 및 적용 사례를 속속 선보이고 있으며, 관련 기술 지원을 제공하는 스타트업 생태계도 함께 성장하고 있다.

또한, 오픈 생태계는 혁신 속도에서도 경쟁 우위를 점하고 있다. 전 세계 개발자들이 공개된 모델을 기반으로 다양한 파인 튜닝 버전, 특화 애플리케이션, 멀티모달 확장 모델을 제작하며, 그 결과 AI 기술의 발전 속도와 적용 가능 영역은 기하급수적으로 확대되고 있다. 이는 AI가 단지 소수 기업의 기술 독점에서 벗어나, 다수 참여자가 기여하고 확산시키는 '디지털 공공재'로 기능할 수 있음을 보여 주는 긍정적 흐름이다.

그러나 오픈 소스 LLM이 안고 있는 과제 또한 명확하다. 첫째, 성능 편차와 품질 관리 문제다. 각기 다른 연구자나 조직이 오픈 모델을 변형해 배포하면서, 모델의 정확도, 안전성, 처리 속도 등에서 일관성을 확보하기 어려운 경우가 많다. GPT-4, 클로드 3(Claude 3) 같은 상용 최상위 모델과 비교하면 성능 격차도 여전히 존재한다. 둘째, 자원 소모 부담이다. 고성능 LLM은 학습과 추론 과정에서 막대한 GPU 연산력과 전력을 요구하기 때문에, 중소 기관이나 자원이 제한된 단체는 여전히 운용 장벽을 경험할 수밖에 없다. 셋째는 악용 가능성이다. 폐쇄형 모델은 보통 유해 콘텐츠 생성을 차단하는 '가드레일'을 탑재하지만, 오픈 모델은 누구나 자유롭게 활용할 수 있어 피싱 이메일 생성, 가짜 뉴스 작성, 해킹 도구 제작 등에 악용될 수 있다. 실제로 일부 오픈 모델이 변형되어 다크 웹에서 유통된 사례는 사회적 경각심을 불러일으키고 있다. 넷째, 기술 지원의 부재도 한계로 지적된다. 폐쇄형 모델은 기업의 공식 기술 지원을 받을 수 있지만, 오픈 LLM은 대부분 커뮤니티 기반 유지 보수에 의존하므로, 문제 해결에 시간이 오래 걸리거나 전문성이 부족한 경우도 있다.

그럼에도 오픈 소스 LLM은 계속해서 고도화되고 진화하고 있다. 2023년 공개된 메타(Meta)의 라마 시리즈(7~70억 파라미터)는 알파카(Alpaca), 비큐나(Vicuna), 오르카(Orca) 등 수많은 파생 모델을 탄생시키며 LLM의 민주화를 이끈 상징적 사례로 평가된다. 이어 2024년 출시된 라마 3는 80억, 700억 파라미터 규모로 성능과 안전성을 대폭 향상하며, 오픈 소스 진영의 대표 주자로 자리 잡았다. 팰콘(Falcon) 40B는 아랍에미리트(UAE)의 TII가 아파치(Apache) 2.0 라이선스로 공개한 모델로, 상용 모델 대비 75% 수준의 연산 자원만으로 유사한 성능을 구현해 글로벌 리더 보드 1위에 오르며 효율성과 개방성의 가능성을 보여 줬다. 프랑스 스타트업 미스트랄(Mistral)의 미스트랄(Mistral) 7B는 70억 파라미터 규모임에도 라마2(LLaMA2) 13B를 능가하는 성능을 보여 주었으며, 후속으로 공개된 미스트랄 8x7B는 MoE(Mixture-of-Experts) 구조를 통해 압도적인 연산 효율과 성능을 동시에 구현함으로써 경량 모델 고도화의 대표 사례로 부상했다. 애플의 오픈ELM(OpenELM)(2024)은 모바일 · 에지 기기에 최적화된 소형 모델로, 학습 로그와 하이퍼파라미터까지 전면 공개해 투명성의 새로운 기준을 제시하며 학계와 산업계의 주목을 끌었다.

2025년 들어서도 오픈 소스 진영의 경쟁은 계속되고 있다. 구글의 젬마(Gemma)(2B · 7B), 알리바바(Alibaba)의 Qwen-2(14B · 72B), 중국 딥시크(DeepSeek)의 딥시크(DeepSeek)-V2, 코히어(Cohere)의 RAG 특화 모델 커맨드 R+(Command R+), 1-bit 연산 기반의 초경량 학술 모델 비트넷(BitNet) B1.58 등은 각각 경량화, 고성능, 특화형 모델 분야에서 기술 혁신을 주도하고 있다. 이처럼 오픈 소스 LLM 생태계는 기술적 한계를 극복하면서도, 민주성, 투명성, 접근성이라는 핵심 가치를 중심으로 빠르게 확장되고 있다.

공공 전략과 오픈 LLM의 접점

공공 부문은 지금이야말로 오픈 소스 LLM 생태계를 전략적으로 활용할 시점이다. 고비용의 상용 모델에 대한 과도한 의존은 재정적 부담은 물론, 해외 기술에 기반한 디지털 종속이라는 구조적 취약성을 초래할 수 있다. 반면, 오픈 소스 LLM은 비용 절감, 자율적 커스터마이징, 데이터 주권 확보라는 측면에서 공공의 가치 실현에 부합하는 실질적인 대안이 될 수 있다.

예컨대, 행정 문서 요약, 민원 자동 응답, 공공 정책 설명용 챗봇, 재난 대응 자동화 시스템, 정부 데이터 분류 및 태깅 등 다양한 분야에서 오픈 LLM을 기반으로 한 맞춤형 공공 서비스를 설계 · 운영할 수 있다. 특히, 국민과의 소통이 중요한 공공 영역에서는 단순한 질의응답을 넘어 정책 맥락을 이해하고 설명하는 고차원적 언어 이해 능력이 요구되며, 이를 위해서는 국내 환경에 특화된 AI가 필요하다. 오픈 LLM은 이를 가능하게 만드는 기술적 자율성과 정책적 유연성을 동시에 제공한다.

또한, 자국의 언어, 문화, 법제도, 행정 절차에 최적화된 AI 시스템을 직접 구축하고 운영함으로써 사회적 수용성과 국민의 신뢰를 높일 수 있다. 이는 단순히 기술 사용의 문제가 아니라, 공공 행정의 디지털 책임성과도 직결되는 문제다. 특히 법령 해석, 행정 지침 요약, 정책 설명 등 정확성과 맥락 인식이 핵심인 서비스에서는 한국어 기반 LLM의 존재가 절대적이다.

무엇보다 중요한 것은, 오픈 소스 LLM을 활용한 공공 전략의 철학적 전환이다. 폐쇄성과 독점 구조 속에서는 AI 기술의 공공성, 공정성, 접근성을 충분히 보장하기 어렵다. 오픈 소스는 기술 그 자체의 효율성뿐 아니라, 개방과 협력, 투명성과 수정 가능성이라는 가치를 기반으로 한다. 이러한 특성은 디지털 포용과 책임 있는 기술 사용을 지향하는 공공 철학과도 깊이 맞닿아 있다.

한국 정부가 강조해 온 디지털 주권, 공공 인프라 자립, 책임 있는 AI 구현이라는 3대 목표 역시 오픈 LLM 전략을 통해 실현 가능하다. 단기적으로는 상용 LLM 의존도를 낮추고, 자체적으로 관리 가능한 경량 모델부터 단계적으로 개발 · 적용해 나가는 접근이 현실적이다. 중장기적으로는 오픈 소스를 기반으로 공공 파운데이션 모델을 구축하고, 이를 중심으로 지자체, 공공 기관, 민간 기업 간의 협력 생태계를 형성해 기술 확산과 제도 정비를 동시에 추진할 수 있다.

나아가, 오픈 LLM은 국제 협력의 매개로도 활용할 수 있다. 특히 글로벌 남반구 국가나 디지털 기반이 취약한 개도국과의 공공 AI 기술 협력에서, 한국은 윤리성과 투명성 기반의 오픈 소스 모델 제공국으로 역할을 할 수 있으며, 이는 한국의 디지털 외교 역량 강화에도 기여할 것이다. 공공 LLM 생태계를 공공재로 개발하고 개도국에 공동 배포하거나, 현지 언어 기반의 모델을 공동 개발하는 등 다자적 협력 사례도 현실화 가능하다.

오픈 소스 LLM의 성공 사례들은 기술 민주화와 AI 주권 확보가 공존 가능하다는 실증적 증거이며, 공공 부문은 더 이상 이를 단순히 '외부 기술을 도입하는 수요자'가 아니라, 기술 발전을 선도하고 구조화하는 전략적 촉진자로서 받아들여야 한다. AI의 미래는 기술의 우위만으로 결정되지 않는다. 개방성과 협력, 신뢰와 제도적 실천력을 갖춘 국가와 조직이 결국 기술 패권을 넘어서는 공익 중심의 디지털 질서를 설계하게 될 것이다.

한국이 이러한 흐름을 선도하기 위해서는 지금이야말로 공공 LLM 전략을 구체화하고 제도화할 시점이다. 오픈 소스 기반의 실증 사업, 공공 데이터 학습 모델 공개 정책, 가이드라인 수립, 민관 공동 활용 체계 등 실행력 있는 정책 프레임워크가 함께 수립되어야 하며, 이를 통해 한국은 AI 기술 주권과 공공 가치 실현이라는 두 목표를 동시에 달성할 수 있을 것이다.

참고문헌

권태균(2022.8). [THE AI REPORT 2022-9] 영국의 친혁신 AI 규제 추진 동향 : AI 규제 원칙 및 규제 역량 강화방안 보고서를 중심으로, https://www.nia.or.kr/site/nia_kor/ex/bbs/View.do;jsessionid=3BBA3D4E9F241D84E50484B9881586AB.c6f38c20c4b206361168?cbIdx=82618&bcIdx=24843&parentSeq=24843

이다인(2024.11). Sovereign AI 동향 및 시사점. KDB 미래전략연구소, https://eiec.kdi.re.kr/policy/domesticView.do?ac=0000189955

BigScience(2023.6). BLOOM: A 176B-parameter open-access multilingual language model, *ArXiv*, https://arxiv.org/abs/2211.05100

IBM Security(2024). Security and identity, https://securityintelligence.com

Meta AI(2023.7). LLaMA 2에 세계가 열광하는 이유는?, https://modulabs.co.kr/blog/llama-2-intro

Mistral AI(2024.4). 미스트랄 AI, 오픈 소스 '미스트랄 7B v0.2' 출시... 라마 2 13B 능가, https://www.aitimes.com/news/articleView.html?idxno=158435

OECD(2025.7). OECD principles on artificial intelligence,
https://www.oecd.org/en/topics/ai-principles.html
OpenELM(2024.5). An efficient language model family with open training and Inference framework,
https://arxiv.org/pdf/2404.14619
TII UAE(2023.5). UAE의 팔콘(Falcon) 40B, 순위표 지배: 오픈 소스 AI 모델의 최신 허깅 페이스(Hugging Face) 독립 검증에서 세계 1위 차지,
https://aetoswire.com/ko/news/3005202332476-1
UNESCO(2021). Recommendation on the ethics of artificial intelligence,
https://unesdoc.unesco.org/ark:/48223/pf0000380455

02
AI 패권 경쟁과 국가 전략의 변화

AI가 국가 전략의 핵심으로 떠오르면서 미국은 민간 혁신과 안보를 결합했고, 중국은 정부 주도의 기술 자립을, EU는 윤리 중심의 규범 주도를 선택했다. 한국은 기술 · 데이터 · 인재 · 외교를 결합한 독자적 AI 전략을 마련해야 한다.

AI와 MBTI?

AI 주권 시대, 국가 전략이 바뀐다

인공지능은 단순한 기술 혁신을 넘어 사회와 경제, 나아가 국가 안보까지 전방위에 걸쳐 영향을 미치는 핵심 요인으로 부상하고 있다. 과거에는 민간 영역에 맡겨졌던 AI가 이제는 국가 경쟁력의 기반이자 전략 자산으로 여겨지고 있다. 특히 데이터를 확보하고 AI 기술을 자율적으로 개발해 AI 주권을 확보하는 것이 국가의 미래를 좌우할 새로운 화두로 떠올랐다.

AI 주권은 자국의 데이터, 알고리즘, 인프라를 활용해 독립적으로 AI를 발전시킬 수 있는 역량과 통제권을 의미한다. 각국 정부는 AI 기술이 가져올 경제적 가치와 안보상의 이점을 주목하며, 이를 자국의 통제하에 두기 위해 경쟁적으로 움직이고 있다. 마치 과거 산업화 시대에 에너지나 원자재 확보가 국가 전략의 핵심이었듯, AI 시대에는 데이터와 AI 알고리즘의 통제권이 새로운 주권의 하나로 간주되고 있다.

미국, 중국, 유럽연합 모두 AI 패권 경쟁에 뛰어들고 있다. 이들의 AI 전략을 살펴보고, 이러한 글로벌 경쟁이 시사하는 바와 한국의 과제를 짚어 본다.

미국: 기술 리더십과 안보 중심 전략

미국은 세계 최대의 민간 중심 AI 생태계를 기반으로 글로벌 기술 주도권을 유지하고 있다. 구글, 오픈AI, 메타 등 빅테크 기업들이 생성형 AI를 선도하고 있으며, AI 민간 투자 규모는 2024년 기준 약 1,091억 달러로, 세계 전체의 절반 이상을 차지한다. 이러한 투자는 특허, 오픈소스, 표준 선점 등 전략적 우위로 이어지고 있다.

정부도 AI를 국가 전략 기술로 규정하고 제도화를 강화해 왔다. 2016년 '국가 AI R&D 전략(The National Artificial Intelligence Research and Development Strategic Plan)과 「2020년 국가 AI 이니셔티브 법(The National AI Initiative Act of 2020)」 등을 통해 민 · 군 협력, 국방 활용, 동맹국과의 기술 공유를 추진하고 있으며, 「2022년 CHIPS 법(CHIPS and Science Act of 2022)」과 2025년 1월 상무부의 「AI 확산 규범(AI Diffusion Rule)」은 반도체 자립과 기술 수출 통제를 통해 안보 기반을 다지고 있다.

윤리 · 안전 측면에서는 2023년 「AI 안전 행정 명령(Executive Order on Safe, Secure, and Trustworthy Development and Use of Artificial Intelligence)」을 통해 고위험 AI의 리스크 평가, 투명성, 연방 기관의 안전

가이드라인 준수 등을 의무화하며 사회적 책임을 강조하고 있다.

요컨대, 미국의 AI 전략은 '혁신 가속, 안보 통제, 규범 주도'를 축으로 하며, 기술 경쟁을 넘어 디지털 패권 재편을 주도하려는 지정학적 전략으로 전개되고 있다.

중국: 정부 주도의 AI 굴기와 기술 자립

중국은 2017년 '차세대 인공지능 발전계획(新一代人工智能发展规划)'을 통해 AI를 국가 핵심 전략 기술로 격상하며, 중앙 정부 주도의 대규모 투자와 산업 육성을 본격화했다. 2023년 기준 AI 관련 투자 규모는 45조 원을 넘었고, 2030년까지 국내총생산(GDP)의 2% 이상을 AI 분야에 투입하겠다는 계획도 제시되었다. 중국의 AI 전략은 방대한 내수 데이터, 디지털 인프라, 비교적 느슨한 개인정보 규제, 강력한 정책 집행력이라는 환경 위에 구축되며, 이를 바탕으로 AI 기술의 빠른 실증과 확산이 가능해졌다.

AI는 중국에서 경제 성장과 사회 통제라는 이중 목적을 위한 수단으로 활용되고 있다. 공공 안전, 교통, 의료, 교육, 국방 등 거의 모든 영역에서 AI가 도입되고 있으며, '스마트 시티'와 '스마트 정부' 사업은 데이터와 정책,

기술이 실시간으로 맞물리는 중앙 통제형 AI 운영 모델로 기능하고 있다.

중국은 미국의 반도체 수출 규제에 대응해 기술 자립과 국산화에도 속도를 내고 있다. 화웨이의 AI 칩 '어센드(Ascend)' 시리즈를 비롯해 바이두, 알리바바 등 주요 기업들이 자국산 LLM(Large Language Model, 대규모 언어 모델) 개발에 집중하고 있으며, 파라미터 최적화와 오픈 소스 변형 등 효율 중심 전략을 통해 독자 생태계를 구축하고 있다.

AI 확산에 따른 규제 정비도 병행되고 있다. 2023년 시행된 '생성형 AI 서비스 관리 규정'은 콘텐츠 책임성, 허위 정보 차단, 개인정보 보호 등을 규정하되, 산업 억제가 아닌 진흥과 통제를 병행하는 이원적 접근 방식을 택하고 있다.

한편 중국은 '디지털 실크로드(数字丝绸之路)', 그래픽 장치 인터페이스(GDI, Graphics Device Interface), AI 글로벌 거버넌스 협의체 구상 등을 통해 국제 규범 논의에도 적극 나서며, 미국 중심의 질서에 대응하는 '중국형 AI 규범'의 확산을 꾀하고 있다. 특히 브릭스(BRICS), 아프리카, 동남아 등 개도국을 대상으로 기술 협력을 확대하며 외교적 디지털 영향력도 강화하고 있다.

결국 중국의 AI 전략은 정부 주도의 기술 굴기, 산업 주도의 자립 강화, 규범 중심의 외교 확장을 세 축으로 해, AI를 통해 경제 · 안보 · 외교 전반에서 글로벌 주도권을 확보하려는 종합적 국가 전략으로 진화하고 있다.

유럽연합: 규범 선도와 기술 격차 보완 전략

유럽연합은 AI를 기술 경쟁력보다 윤리와 규범 중심의 질서 재편 수단으로 인식하고 있다. 기술력 면에서 미국 · 중국에 뒤처진 유럽연합(EU)은 2024년 최종 합의된 「EU AI 법」을 통해 규범을 선도함으로써 글로벌 영향력을 확보하려는 전략을 펼치고 있다. 위험도 기반의 차등 규제를 도입한 이 법은, 특히 고위험 AI에 대해 설명 가능성, 인권 보호 등 강력한 요건을 부과하며 '브뤼셀 효과'를 통해 세계 기업들이 EU 기준을 따르도록 유도하고 있다. 2024년 2월 2일 「EU AI 법」의 공식 채택 이후, EU는 'AI 규제 사무국(Office for AI Regulation)' 설립과 함께 적용 준비에 박차를 가하고 있다.

동시에 EU는 기술 자립 기반 마련에도 힘쓰고 있다. 공동 투자와 가이아X(GAIA-X) 프로젝트로 유럽형 클라우드 생태계를 조성하고, '유럽 AI 연구소(ELLIS, European Laboratory for Learning and Intelligent

Systems)'를 중심으로 정책과 기술을 통합 관리하고 있다. 프랑스를 중심으로 한 '블룸(BLOOM)' 모델 개발(2022년)을 통해 다국어 · 설명 가능성을 강화한 오픈 소스 LLM 생태계의 기반을 마련한 데 이어, 최근에는 미스트랄(Mistral AI), 스타코더2(StarCoder2), 빅코드(Le BigCode) 등 후속 연구를 통해 기술 자립형 · 공공 협력형 LLM 생태계 구축이 가속화되고 있다.

EU는 AI를 사회적 포용과 공공선을 실현하는 도구로 보며, 신뢰 · 윤리 · 인간 중심 기술이라는 가치를 정책 전반에 반영하고 있다. 또한 경제개발협력기구(OECD), 유네스코(UNESCO) 등 국제 협의체에서 규범 확산을 주도하며, 미국과 중국 사이에서 균형자 역할을 강화하고 있다.

요컨대, EU는 규범 선도, 기술 자립, 국제 거버넌스 주도를 통해 '신뢰할 수 있는 AI'의 글로벌 기준을 설계하려는 전략을 일관되게 추진하고 있다.

전략 변화의 시사점과 과제

미국 · 중국 · EU의 전략 비교에서 보듯이, AI 주권 확보를 위한 경로는 다양하다. 민간 혁신과 동맹 네트워크를 활용하는 미국형 모델, 국가 역량을 집중해 빠른 기술 자립을 추구하는 중국형 모델, 윤리와 규범 중심의 유럽형 모델이 대표적이다. 그러나 공통적인 메시지는 명확하다. AI는 국가 생존과 번영의 필수 요소로, 전략적 투자를 강화하고, 자국의 이익과 가치를 보호할 수 있도록 기술을 통제 · 육성해야 한다는 것이다. AI 주권 시대에 한국 역시 이 흐름에 뒤처지지 않도록 신속한 대응이 요구된다.

우선, 기술 역량 강화가 최우선 과제다. 글로벌 경쟁에서 뒤처지지 않으려면 정부와 민간이 함께 장기적이고 전략적인 연구 개발(R&D) 투자를 늘려야 한다. 특히 반도체, 클라우드 인프라, 초거대 AI 모델 등 핵심 분야에 집중해 자체 기술력을 키워야 한다. 메모리 반도체 분야의 강점을 시스템 반도체와 AI 가속기 칩 분야로 확대하는 전략적 지원이 필요하다.

둘째, AI를 뒷받침할 데이터 생태계 구축이 중요하다. 기업과 기관이 데이터를 안전하게 공유하고 양질의 학습 데이터를 확보하도록 정책적 지원을 제공해 혁신적 AI 개발의 토대를 마련해야 한다.

셋째, AI 인재 양성이 핵심이다. 대학과 연구 기관에서 AI 전문 인력을 양성하고, 해외 인재 유치를 활성화해야 한다. 민간에서도 기존 인력의 AI 활용 능력 향상을 위한 재교육(re-skill)을 확대해 지속 가능한 기술 경쟁력을 갖춰야 한다.

넷째, 정책 및 제도적 지원을 강화해야 한다. 「AI 기본법」 등을 통해 AI 산업 육성, 윤리 기준 마련, 데이터 관리 등 정부 역할을 명확히 하고, 일관된 지원을 제공해야 한다. 빠르게 변하는 AI 기술 특성상 규제 샌드박스 등을 활용한 유연한 규제 환경 조성이 필요하며, AI 오남용 방지와 사회적 신뢰 확보를 위한 투명성 · 책임성 장치를 마련해야 한다.

다섯째, 국제 협력과 외교 전략도 중요하다. AI 분야는 국제 협력이 필수적이기에, 미국 등 주요국과 협력하고 GPAI(Global Partnership on Artificial Intelligence, 글로벌 AI 파트너십) 같은 다자 협의체에 적극 참여해 한국의 기술적 입장과 가치를 반영해야 한다. 특히 미 · 중 기술 경쟁 속에서 공급망을 다변화하고, 동맹국과 협력해 외부 충격에도 흔들리지 않는 회복 탄력성을 갖춰야 한다.

마지막으로 사회적 대비가 필요하다. AI로 인한 일자리 변화와 개인정보 보호, 알고리즘 편향 등 문제에 선제적으로 대응해야 한다. 미래 세대와 현 노동자의 디지털 역량을 높이고, AI 윤리 문제에 대한 사회적 합의를 바탕으로 가이드라인을 수립하고 점검해야 한다. 이를 통해 국민의 AI 신뢰를 형성하고, 포용적인 디지털 전환을 이끌어야 한다.

결론적으로 AI 주권 시대는 각국이 AI를 전략적 자산으로 삼아 국가 운명을 개척하는 시대다. 한국도 기술, 정책, 외교의 유기적 결합을 통해 AI 강국으로 도약해야 한다. 지금의 선택과 투자가 향후 국가 경쟁력을 좌우할 만큼 선제적이고 전략적인 대응이 필수다. 사람 중심의 창의적 AI 강국으로 나아가기 위해 정부와 사회 전체의 지혜와 역량을 모아야 할 때다.

참고문헌

대한민국 국회의원 정책자료(2025.4). '글로벌 AI 경쟁력 강화를 위한 규제 패러다임 전환' 세미나 : 초혁신 선도국가를 향한 AI 거버넌스 구축, https://ampos.nanet.go.kr/materialSeminarDetail.do?control_no=PAMP1000000077467

디지털플랫폼정부위원회(2025.4). 공공부문 초거대 AI 도입활용 가이드라인 2.0 및 AI 서비스 실증 사례집, https://dpg.go.kr/DPG/contents/DPG03020000.do?schM=view&id=20250416154050742370&schBcid=reference

브런치(2025.5). 생성형 AI 시대, 공공의 지식관리 혁신 방향, https://brunch.co.kr/@coolphat1/20

예상준 외(2024.12.31). 인공지능을 둘러싼 미·중 전략 경쟁과 우리의 대응 방향. 대외경제정책연구원(KIEP), 연구보고서 24(30), https://www.dbpia.co.kr/journal/articleDetail?nodeId=NODE12121426

전자신문(2025.4.16.). 디플정위, 공공 초거대 AI 기본지침 '가이드라인 2.0' 배포, https://www.etnews.com/20250416000194

정보통신정책연구원(2024.12). 글로벌 AI 패권 경쟁과 한국의 대응 전략, https://eiec.kdi.re.kr/policy/domesticView.do?ac=0000190771&country=2

Stanford Institute Human-Centered Artificial Intelligence(HAI)(2025). AI Index Report 2025, https://hai.stanford.edu/ai-index/2025-ai-index-report

03
데이터 주권과 공공 클라우드 전략

AI 시대, 데이터는 국가 경쟁력의 핵심 자산이자 주권의 상징이다. 초거대 AI와 클라우드 확산 속에서 공공 부문은 기술 활용과 데이터 통제 간 균형을 요구받고 있다. 한국은 G-클라우드, 클라우드 서비스 보안 인증(CSAP), 민관 협력을 기반으로 공공성과 실용성을 조화하는 전략을 추진 중이며, 이는 디지털 주권을 지키기 위한 지속 가능한 공공 클라우드 모델로 진화하고 있다.

AI와 난임 극복?

AI 시대, 데이터 주권을 지키는 클라우드 전략

데이터 주권은 한 국가가 자국 내 생성 · 수집 · 저장 · 활용되는 데이터를 법적 · 기술적 · 제도적으로 통제할 수 있는 권한을 의미하며, 디지털 전환 가속화와 함께 국가 안보, 경제, 사회 시스템의 핵심 요소로 부상하고 있다. 특히 AI, 사물인터넷(IoT), 클라우드의 확산으로 데이터의 저장 위치와 통제 주체는 국가 주권의 중요한 의제가 되었다.

공공 부문에서는 국민의 개인정보, 정책 결정 자료 등 민감 정보가 외국 기업이나 외국 법제에 종속될 경우, 통제력 상실과 정보 주권 침해 우려가 제기된다. 실제로 일부 국가는 자국 법에 따라 해외 데이터를 요구할 수 있어, 국제적 충돌 가능성도 존재한다.

클라우드는 분산성과 유연성을 제공하지만, 데이터 국경과 통제 문제를 동반한다. 이에 많은 국가는 민감 정보의 자국 내 저장과 통제를 원칙으로 하는 정책을 마련하고 있다.

한국은 이전 정부의 디지털플랫폼정부 정책 기조를 기반으로, 공공 데이터의 보안성과 주권 강화를 위한 클라우드 전략을 지속 고도화하고 있다. 민간 클라우드 활용 시에도 보안 수준, 물리적 위치, 운영 주체의 국적 등을 엄격히 검토하며, 민감 정보는 정부 전용 클라우드 또는 고도 보안 인증 사업자만 활용 가능하도록 규정하고 있다. 아울러 NIA(한국지능정보사회진흥원) 등은 통합 관리 체계와 침해 대응 역량을 강화 중이다.

이러한 정책은 미국의 페드램프(FedRAMP, Federal Risk and Authorization Management Program, 연방 위험 및 인증 관리 프로그램), 영국의 원가버먼트클라우드(1Government Cloud, https://1gov.ng/) 전략 등과 유사하며, 이들 국가 역시 공공 데이터를 전략 자산으로 보고 주권과 보안을 중시하는 제도를 마련하고 있다.

결국 데이터 주권은 기술을 넘어 법제, 산업, 외교를 아우르는 국가 전략 과제이며, AI 시대에는 데이터 통제권이 기술 경쟁력과 정책 자율성으로 직결된다. 한국은 공공 데이터 보호와 클라우드 산업 성장이라는 두 목표를 균형 있게 추진 중이며, 이 장에서는 이러한 정책을 미국 · 영국 사례와 비교해 시사점을 도출하고자 한다.

미국: 보안 중심의 멀티클라우드 전략과 실질적 기술 주권 유지

미국 연방 정부는 2011년 '클라우드 우선(Cloud First)' 정책을 통해 공공 부문에 클라우드 도입을 촉진했으며,

이후 2019년 '클라우스 스마트(Cloud Smart)' 전략으로 고도화해 보안, 효율, 민첩성을 균형 있게 고려하는 방향으로 전환했다. 이러한 흐름 속에서 미국은 페드램프를 도입해, 연방 기관이 민간 클라우드를 활용하기 전 표준화된 보안 검증을 거치도록 제도화함으로써, 다양한 클라우드 환경에서도 공공 데이터 보호 체계를 구축해 왔다.

국방 분야에서도 클라우드 전략은 진화해 왔다. 과거 제다이(JEDI, Joint Enterprise Defense Infrastructure) 사업은 단일 사업자 중심의 국방 클라우드 구축을 시도했지만, 독점 논란과 계약 취소로 중단되었고, 이후 아마존(AWS, Amazon Web Services), 마이크로소프트, 구글, 오라클 등과 다자 계약을 체결한 JWCC(Joint Warfighting Cloud Capability) 전략으로 전환되었다. 이는 멀티클라우드(Multicloud) 기반의 유연하고 탄력적인 인프라 운용 모델로, 기술 종속을 회피하고 자원 배분의 민첩성을 확보하는 데 중점을 두고 있다.

주목할 점은 미국의 데이터 주권 전략이 직접적인 외국산 배제보다는 조달 체계와 보안 인증 기준을 통해 '신뢰 가능한' 자국 클라우드 기업 위주로 생태계를 구성하고 있다는 점이다. 미국은 클라우드 강국으로서 법적 규제를 최소화하면서도 페드램프를 통해 사실상 자국 기술 중심의 운용 체계를 정착시켰다.

또한 2018년 제정된 「CLOUD 법(Clarifying Lawful Overseas Use of Data Act)」에 따라 미국 정부는 해외 서버에 저장된 데이터도 요청할 수 있도록 법적으로 규정하고 있으며, 이는 미국 외 국가의 입장에서는 데이터 주권 침해 우려를 낳기도 한다. 그러나 미국 내 연방 기관의 데이터는 기본적으로 자국 내 저장과 법적 보호를 전제로 운영된다.

결국 미국은 글로벌 클라우드 기술을 선도하는 동시에, 조달 정책과 법적 체계를 활용해 자국 중심의 기술 주권을 자연스럽게 유지하는 전략을 펼치고 있다.

영국: 데이터 주권과 유연성의 균형을 모색하는 다층 전략

영국 정부는 2013년부터 '클라우드 퍼스트(Cloud First)' 정책을 도입해 공공 부문에서 클라우드 활용을 기본 원칙으로 삼고 있으며, 이를 지원하기 위해 G-클라우드(G-Cloud)라는 조달 플랫폼을 운영하고 있다. 이 플랫폼은 국내외 클라우드 기업이 참여할 수 있도록 개방되어 있으며, 공공 기관이 인증된 클라우드 서비스를 손쉽게 선택하고 계약할 수 있는 환경을 제공한다.

영국은 국가 안보를 이유로 기밀 데이터의 해외 저장을 제한했지만, 최근에는 보다 유연한 정책으로 전환하고 있다. 2023년 정부 보안 분류 정책 개정과 2025년 과학혁신기술부(DSIT, Department for Science, Innovation and Technology)의 가이드라인 발표를 통해, 일정 조건을 충족할 경우, 해외 데이터 센터의 활용도 허용했다. 특히 각 기관에는 멀티 리전(Multi Region) 전략을 권고하며, 법적 기준을 지키는 범위 내에서 가장 효율적인 위치에서 데이터를 처리하도록 유도하고 있다.

이러한 접근은 일부에서 해외 클라우드 의존을 심화한다는 비판도 받지만, EU의 「GDPR(General Data Protection Regulation, 일반 데이터 보호 규정)」 등 엄격한 보안 · 개인정보 보호 기준을 모든 지역에 동일하게 적용함으로써 데이터 주권과 기술 유연성의 균형을 꾀하고 있다.

영국은 공공 디지털 혁신을 위한 클라우드 확산을 추진하는 동시에, 보안 기준 강화와 멀티클라우드 전략을 병행하며 기술 자율성과 비용 효율, 확장 가능성을 모두 확보하려는 실용적 접근을 취하고 있다. 이는 유럽 내에서도 비교적 현실적인 데이터 정책 모델로 평가된다.

한국의 정책 및 현황

대한민국은 2010년대 후반부터 행정 효율성과 디지털 전환을 위한 전략의 일환으로 공공 부문 클라우드 전환을 본격화했다. 국가정보자원관리원(NIRS)은 정부 공용 데이터 센터의 클라우드화를 주도하며, 여러 부처와 지방 정부가 공동 활용할 수 있는 G-클라우드 환경을 구축해 왔다. 윤석열 정부 시기에 '디지털플랫폼정부'가 핵심 국정 과제로 추진되면서 공공 IT 시스템의 클라우드 네이티브 전환이 가속화되었다. 이후 이재명 정부는 'AI 강국 G3 도약'을 목표로, 데이터 주권 강화를 위한 공공 클라우드 전략을 이어받아, 민감 정보의 국내 저장 원칙과 AI 활용 기반 확충에 중점을 두고 정책을 고도화하고 있다.

현재 다수의 행정 기관이 G-클라우드로 이전하거나, CSAP 인증을 받은 민간 클라우드 서비스를 도입하고 있으며, 글로벌 CSP(Cloud Service Provider, 클라우드 서비스 제공업체)들도 한국 리전을 통해 인증을 받고 시장에 참여하고 있다. 정부는 G-클라우드 중심 인프라 구축과 민간 클라우드의 보안 인증 기반 활용을 병행하며, 데이터 저장 위치와 통제 권한을 국내에 두는 전략을 추진 중이다.

이는 데이터 주권을 디지털플랫폼정부 및 AI 강국 실현의 핵심 철학으로 삼는 흐름과 맞물려 있으며, 데이터를 단순한 정보가 아닌 국가 경쟁력의 핵심 자산으로 인식하는 방향으로 전개되고 있다. (행정 데이터와 개인정보가 해외 클라우드에 저장될 경우의 주권 침해 우려에 대응해, 한국은 '공공 데이터 주권 클라우드' 개념을 바탕으로 민감 정보를 국내에 안전하게 저장하면서 AI 활용이 가능한 환경을 구축하고 있다.)

이에 따라 NIA는 데이터 · 운영 · 소프트웨어 주권을 확보를 위한 '주권 클라우드' 모델을 연구 중이며, 보고서를 통해 관련 방향을 제시하고 있다. 민간 협력형 클라우드센터, 망 분리, 암호화 · 접근 통제 강화 등을 추진 중이다. 2023년에는 디지털플랫폼정부위원회가 '공공부문 초거대 AI 도입 가이드라인'을 발표하며, 범정부 공통 AI 인프라 활용을 권장했고, AI 슈퍼컴퓨팅 인프라와 AI 반도체 자립도 주요 과제로 추진되고 있다.

또한 이재명 정부는 '소버린 AI'를 국가 전략으로 강조하고 있으며, AI 주권 체계 확립을 위한 정책을 본격화하고 있다. 대통령이 "소버린 AI 개발은 소버린 국방과 같은 국가 전략의 핵심"이라고 직접 언급한 바 있으며, 공공용 LLM 개발, 고성능 인프라 확보, 데이터 등급화와 보안 강화 체계를 중심으로 기술 자립과 정책 자율성 확보를 추진 중이다.

한국의 공공 클라우드 및 데이터 주권 전략은 자국민 정보 보호와 외국산 기술 의존 최소화를 추구하면서도, 민간 기술력을 적극 수용해 정부-시장 간 협력을 강화하는 균형 잡힌 모델을 지향한다. 이는 디지털 주권 경쟁 속에서 기술 자립성과 공공성을 함께 확보하기 위한 핵심 기반으로 작용할 것이다.

한·미·영 공공 클라우드 전략 비교와 한국에 주는 시사점

2025년 현재, 미국, 영국, 한국은 공공 부문 클라우드 전환을 적극 추진 중이며, 보안성과 데이터 주권 확보를 공통된 정책 목표로 설정하고 있다. 다만 기술 기반과 법제도, 산업 환경의 차이에 따라 접근 방식에는 차이가 있다.

미국은 아마존(AWS), 마이크로소프트(Azure), 구글(GCP, Google Cloud Platform) 등 글로벌 클라우드 기업을 보유한 기술 강국으로, 별도의 '주권 클라우드' 개념 없이도 페드램프 등 제도를 통해 보안과 통제를 확보하고 있다. 제다이 프로젝트의 실패 이후에는 복수 공급자 기반의 JWCC 전략으로 전환해 공급망 다변화와 자율성을 동시에 확보했으며, 중국산 기술을 배제함으로써 간접적으로 데이터 관할권을 유지하고 있다.

영국은 클라우드 효율성과 비용 절감을 우선시하며 전환을 추진했지만, 미국계 기업 의존으로 데이터 주권 우려가 지속됐다. 이에 따라 CSP들의 영국 리전 운영을 유도하고, 보안 기준을 강화해 통제를 확보했으며, 최근에는 멀티클라우드, 멀티 리전 전략을 통해 기술적 유연성과 자율성을 강조하고 있다. 「GDPR」을 기반으로 한 법적 보호 체계도 병행하고 있다.

한국은 미국과 영국의 중간에 위치하며, 네이버클라우드와 KT클라우드 등 자국 CSP를 공공 우선 대상으로 지정하고, 민감 데이터는 국내 인증 클라우드를 통해 관리하도록 하고 있다. G-클라우드와 CSAP 인증제를 통해 보안성과 통제를 제도화하고 있으나, 기술력과 확장성 측면에서 국산 클라우드의 한계도 지적된다.

이에 따라 정부는 민관 협력 강화를 통해 국산 클라우드 역량을 높이는 동시에, 외국산 클라우드를 제한적으로 활용하는 하이브리드 전략을 추진 중이다. 민감 정보는 국내, 고성능 연산 등은 외국산을 활용하는 방식으로, 실용성과 자율성을 조화시키는 방향이다. 이는 영국과 유사한 유연한 정책 조정의 흐름을 보여 준다.

세 국가의 사례는 한국에 다음과 같은 시사점을 제공한다. 첫째, 미국의 페드램프처럼 보안 인증 체계를 국제 수준으로 고도화하고, AI 시대에 특화된 보안 기준을 신설할 필요가 있다. 둘째, 벤더 종속을 피하기 위한 멀티클라우드 전략 수립과 상호 운용성 확보가 중요하다. 셋째, 국산 클라우드 생태계 강화를 위한 연구 개발(R&D) 지원과 공공 실증 확대 등 중장기 투자 전략이 필요하다. 넷째, 데이터 주권을 명확히 규정하는 포괄적 법·제도 정비가 시급하다. 다섯째, 기술 보안과 활용 간의 균형 감각이 요구되며, 데이터의 민감도와 업무 특성에 따라 보안 요구 수준을 차별화하는 위험 기반 접근이 필요하다.

결국 한국은 '투트랙 전략'을 통해 자국민 데이터를 안전하게 보호하면서도, 글로벌 기술을 유연하게 활용하는 구조적 균형을 확보해야 한다. 이를 통해 디지털 주권을 수호함과 동시에 세계적 기술 흐름에 뒤처지지 않는 전략적 국가 모델을 실현할 수 있을 것이다.

참고문헌

개인정보보호법(2023.9). 전면 개정 개인정보 보호법, 9월 15일 시행,

https://www.pipc.go.kr/np/cop/bbs/selectBoardArticle.do?bbsId=BS074&mCode=C020010000&nttId=9145

김상배(2025). 미중 인공지능 패권경쟁과 한국: 국제정치의 전환과 중견국의 국가전략, https://www.sejong.org/web/boad/1/egofiledn.php?conf_seq=15&bd_seq=12227&file_seq=39610

양정우(2025.1). "공공 부문도 'AI 대전환' … 범정부 AI 활용시스템 도입한다". 연합뉴스, https://www.yna.co.kr/view/AKR20250114080900530

한국인터넷진흥원(2024.7). 2024년 클라우드서비스 보안인증기준 해설서, https://isms.kisa.or.kr/main/csap/notice/?boardId=bbs_0000000000000004&mode=view&cntId=87

한국지능정보사회진흥원(NIA)(2024.4). 공공 부문 초거대AI 도입·활용 가이드라인 배포, https://nia.or.kr/site/nia_kor/ex/bbs/View.do?cbIdx=99852&bcIdx=26677&parentSeq=26677

한국지능정보사회진흥원(NIA)(2024.6). 공공 분야 초거대 AI 활용을 위한 공공 데이터 주권 클라우드 적용방향, https://www.nia.or.kr/site/nia_kor/ex/bbs/View.do?cbIdx=25932&bcIdx=26837&parentSeq=26837

한영민(2025.3). "경사원 'AI 노인말벗서비스' 행안부 우수사례 선정". 전국매일신문, https://www.jeonmae.co.kr/news/articleView.html?idxno=1127357

Department for Science, Innovation and technology(DSIT)(2023.6). Government cloud first policy, https://www.gov.uk/guidance/government-cloud-first-policy

European Union(2016.4). General data protection regulation(GDPR), https://eur-lex.europa.eu/eli/reg/2016/679/oj/eng

FedRAMP(2025.7). Federal risk and authorization management program overview. U.S. general services administration, https://github.com/FedRAMP/roadmap?tab=readme-ov-file

GOV.UK(2024.8). Government security classifications policy(GSCP), https://www.gov.uk/government/publications/government-security-classifications/government-security-classifications-policy-html

OECD(2024.11). Digital economy outlook 2024, https://www.oecd.org/en/publications/oecd-digital-economy-outlook-2024-volume-2_3adf705b-en.html

Stanford Institute for Human-Centered artificial intelligence(HAI)(2025). AI index report 2025, https://hai.stanford.edu/ai-index/2025-ai-index-report

United States Congress(2018.5). CLOUD Act(Clarifying Lawful Overseas Use of Data Act), https://www.justice.gov/criminal/cloud-act-resources

U.S. Department of Defense(2022.12). JWCC(Joint Warfighting Cloud Capability) acquisition report, https://www.defense.gov/News/Releases/Release/Article/3239378/department-of-defense-announces-joint-warfighting-cloud-capability-procurement/

04
LLMOps와 운영 조직 구축 전략

초거대 AI의 공공 활용은 단순한 기술 도입을 넘어, LLMOps 기반의 체계적 운영과 AI 전담 조직, 고성능 인프라, 윤리 · 보안 통제, 성과 평가가 결합된 통합 전략이 필수적이다. 이는 공공 신뢰 확보는 물론, 지속 가능한 공공 LLM 구축과 운영을 위한 전략적 프레임워크로 기능하며, 책임 있는 AI 거버넌스 정착의 핵심 기반이 된다.

AI와 사주?

공공 부문 초거대 AI 운영을 위한 LLMOps 전략

인공지능의 발전은 이제 기술 혁신을 넘어 사회 전반의 구조적 전환을 이끌고 있다. 특히 최근 급속히 진화한 파운데이션 모델은 공공 부문의 디지털 혁신을 가속화하며, 정책 작성, 민원 응답, 고차원 분석 등 다양한 행정 업무에 새로운 가능성을 제시하고 있다.

이러한 모델은 방대한 데이터를 사전 학습한 뒤 범용으로 활용되는 거대 AI로, 챗GPT, 클로드(Claude), 제미나이(Gemini) 등이 대표적이다. 그 활용 잠재력은 크지만, 수십억 개의 파라미터, 고성능 인프라, 지속적 재학습, 개인정보 보호 등 복합적인 운영 요건을 수반한다.

이에 따라 공공 분야에서는 단순 도입을 넘어서 체계적이고 책임 있는 운영 전략이 요구되며, 최근 주목받는 개념이 'LLMOps(Large Language Model Operations, 대규모 언어 모델 운영)'다. 이는 대규모 언어 모델의 기획, 학습, 배포, 모니터링, 재학습까지 전 생애주기를 통합 관리하는 운영 체계로, 보안성 · 책임성 · 신뢰성을 내포한 공공 맞춤형 운영 프레임워크다.

LLMOps의 성공적 도입을 위해서는 고성능 연산 자원과 폐쇄망 기반 인프라, 철저한 접근 통제, 윤리 원칙과 로그 관리, 전문 인력과 예산 등 제도적 기반이 필수적이다.

이에 한국 정부의 초거대 AI 모델 도입과 LLMOps 체계 준비 현황을 살펴보고, 국가 AI 거버넌스와의 연계, 공공 전용 플랫폼 개발, 민간 기술 협력, 법제 정비 등을 분석한다.

또 미국과 영국의 사례를 비교해, 미국의 FedRAMP · DISA(Defense Information Systems Agency, 국방 정보시스템국) 보안 기준, 영국 GDS(Government Digital Service, 정부디지털청) 중심의 AI 운영 체계 등 각국이 기술 도입과 거버넌스를 어떻게 병행하고 있는지를 조명한다. 두 나라 모두 윤리와 운영 안정성을 강조하고 있으며, 이는 한국에도 중요한 정책적 시사점을 제공한다.

결국 초거대 AI의 공공 활용은 기술 도입뿐 아니라 지속 가능한 운영 체계와 책임 있는 거버넌스 확립이 핵심이며, 한국은 이에 선제적으로 대응할 전략 기반을 갖춰야 할 시점이다.

한·미·영 비교

미국은 초거대 AI 모델 개발을 주도하는 빅테크 기업들이 다수 포진한 기술 강국으로, 연방 정부는 이를 뒷받침하는 제도적 기반과 민관 협력 생태계를 정교하게 구축해 왔다. 2023년 국립표준기술연구소(NIST)는 AI 위험관리 프레임워크(AI RMF 1.0)를 발표해, 설계부터 폐기까지 AI 시스템 전 생애주기에 걸친 위험 요소를 식별·관리하는 기준을 제시했다. 이는 각 기관이 자율적으로 AI 거버넌스를 수립할 수 있도록 지원하며, 2022년 「AI 권리장전 청사진(BluePrint for an AI Bill of Rights)」 등과 함께 미국식 '자율 속의 통일' 원칙을 반영한다.

기술 활용 측면에서도 미국은 초거대 AI 모델을 기밀 환경 내에서 적극 활용하고 있다. 미국 중앙정보국(CIA)은 방대한 공개 정보(OSINT, Open Source Intelligence)를 분석하기 위해 내부 전용 LLM 기반 챗봇을 도입했으며, 미 공군은 항공기 정비 매뉴얼 분석 등 실무 영역에 LLM을 시범 적용하고 있다. 이러한 도입은 국방 AI 총괄 기구인 CDAO(Chief Digital and Artificial Intelligence Office)를 중심으로 통합 관리되며, 성능 검증과 윤리 기준 수립도 병행되고 있다. 미국은 기술 리더십과 제도 설계의 균형을 통해, 민간 기술의 공공 이식과 안전한 운영을 함께 실현하는 전략을 추진 중이다.

한편, 영국은 기술력 면에서는 미국에 비해 열세지만 공공 주도의 전략적 투자와 제도 설계를 통해 AI 경쟁력을 확보하려는 노력을 강화하고 있다. 2023년 영국 정부는 1억 파운드 규모의 예산을 투입해 '파운데이션 모델 태스크포스(Foundation Model Taskforce)'를 출범시켰으며, 이는 백신 태스크포스 모델을 기술 분야에 적용한 사례다. 목표는 신뢰할 수 있는 AI 모델 개발과 함께, 이를 공공 서비스에 통합해 국가 인프라와 사회적 신뢰를 구축하는 것이다.

영국은 정보통신본부(GCHQ, Government Communications Headquarters) 등 첩보국을 중심으로 자체 LLM 개발 프로젝트를 추진하며, 기밀성과 데이터 주권 확보를 위한 자국형 모델을 실험 중이다. 제도적으로도 2021년 국가 AI 전략을 바탕으로 인공지능청(Office for AI)이 정책 조율을 맡아 왔고, 2023년 AI 규제 백서에서는 고위험 AI에 대한 사후 점검과 안전장치 마련 등 유연한 규제 원칙을 제시했다. 같은 해 AI 안전 정상회의를 주최하면서 국제 논의에서도 선도적 역할을 수행하며, 기술보다는 규범과 협력을 중시하는 전략을 취하고 있다.

한국형 거버넌스 과제

한국 정부는 2023년 이후 초거대 AI의 가능성을 인식하고, 이를 공공 서비스 혁신에 적극 활용하기 위한 준비에 나섰다. 민원 자동화, 정책 분석, 대국민 서비스 고도화 등 다양한 행정 분야에서 초거대 AI의 활용이 확대되고 있으며, 기술 실험과 제도 정비가 함께 진행되고 있다.

과기정통부와 한국지능정보사회진흥원(NIA)은 2023년 민 · 관 합동 초거대 AI 추진협의회를 출범시켜 공공 도입 전략을 논의했으며, '초거대 AI 활용 지원 사업'을 통해 정부 · 지자체 · 공공 기관 · 민간 기업의 프로젝트를 지원하고 있다. 2024년에는 예산을 확대해 기술 검증과 서비스 개발을 중심으로 수요 기반 사업을 추진했다.

활용 가이드라인도 정비되었다. 2024년 《공공 부문 초거대 AI 도입 · 활용 가이드라인 2.0》은 도입 타당성과 전략적 정합성을 확보하도록 하고, 무분별한 적용을 방지하는 절차와 원칙을 제시했다. 기술 인프라 측면에서는 정부 공통 플랫폼과 기관별 자체 구축을 병행하되, 보안 요건에 따라 차등 운영이 가능하도록 했다.

또한, 최신 LLMOps 기술의 도입을 권장하며, 고도화된 검색 · 생성 기능을 행정에 접목하는 방향으로 활용을 확대하고 있다. 중앙 부처와 국방부 등에서는 AI 전담 조직을 신설하거나 확대하고 있으며, 정책 기획 및 운영 역량 강화를 위한 기반을 마련 중이다.

윤리성과 책임성 확보도 병행된다. 병무청, 법원행정처 등은 AI 편향성과 오류 검증을 수행하고 있으며, 향후에는 감사와 규제 장치까지 포함한 제도화를 통해 책임 있는 운영 체계를 구축할 계획이다.

요컨대, 한국은 초거대 AI 도입에 중앙 거버넌스 강화, 정책 집행 체계 구축, 기술 인프라 확보, 윤리 기준 정비를 통해 공공성과 지속 가능성을 갖춘 운영 전략을 마련하고 있으며, 글로벌 사례를 참고해 자국형 전략을 정착시켜 나가고 있다.

미국, 영국, 한국의 LLMOps 및 조직 구축 접근을 비교하면 각국의 정책 철학과 행정 구조에 따른 차별성이 뚜렷하게 드러난다. 초거대 AI의 부상은 기술 혁신을 넘어, 공공 거버넌스와 서비스 운영 방식에 근본적인 전환을 요구하고 있다. 미국과 영국은 서로 다른 제도 기반 위에서 LLMOps 체계를 정비해 왔으며, 이는 한국 등 여러 국가에 중요한 시사점을 제공한다.

미국은 민간 주도의 기술 생태계를 적극 활용하면서, 정부는 최소한의 책임 거버넌스를 설정하는 분권적 모델을 취하고 있다. 오픈AI, 구글, 마이크로소프트 등 민간 기업이 기술 개발을 주도하고, 정부는 백악관 협약, 국립표준기술연구소의 AI 위험 관리 프레임워크,

OMB(Office of Management and Budget, 미국 대통령실의 관리예산실) 지침 등을 통해 공공 부문 내 책임성과 위험 관리를 유도한다. 각 연방 기관은 최고 AI 책임자(Chief AI Officer)를 중심으로 자체 LLMOps 체계를 운영하며, 보안이 요구되는 일부 기관(CIA 등)을 제외하고는 대부분 민간 클라우드를 활용한다.

영국은 기술 자립도는 낮지만, 정부 주도의 정책 설계와 전략적 투자를 통해 공공 중심의 AI 체계를 구축하고 있다. 2023년 출범한 파운데이션 모델 태스크포스는 정부와 민간, 학계가 협력해 자국형 모델을 개발하는 거점 역할을 하며, 인공지능청은 국가 전략과 부처별 프로젝트를 조율한다. 영국은 데이터 보호 전통과 AI 윤리 원칙을 바탕으로 투명성, 신뢰성, 안전성 확보를 제도화하고 있으며, 부족한 기술 인프라는 EU 및 미국과의 파트너십을 통해 보완하고 있다.

한국은 미국과 영국의 사례를 참고하되, 민간 기술력과 중앙 조정력을 결합한 혼합형 접근을 취하고 있다. 네이버, 카카오 등 기업이 모델을 개발하고, 정부는 공공 서비스에 이를 적용하거나 PoC(Proof of Concept, 개념증명) 실증을 지원하며, 동시에 오픈 소스 기반 한국형 LLM 개발도 병행하고 있다. 디지털플랫폼정부위원회를 중심으로 중앙에서 정책 방향을 조율하고 있으며, 이재명 정부에서도 데이터 주권과 AI 행정 고도화를 이어 가고 있다. 그러나 예산과 권한이 중앙에 집중되어 있어 개별 기관의 자율성은 아직 제한적인 편이다.

한국의 또 다른 특징은 도입 전 계획과 도입 후 평가를 동시에 강조한다는 점이다. 《공공 부문 초거대 AI 도입·활용 가이드라인 2.0》은 도입 필요성부터 책임성 확보까지 상세 기준을 제시하고, 이후 기관별 활용 성과를 평가해 정책에 반영하는 체계를 갖췄다. 이는 공공 부문 전반의 LLMOps 수준을 일정하게 끌어올리는 효과를 기대할 수 있다.

이처럼 각국의 접근을 비교하면, 미국은 민간 중심 기술 활용과 자율적 운영, 영국은 공공 주도의 개발과 제도화, 한국은 민간 기술과 중앙 조정의 혼합 전략이라는 구도가 형성된다. 이를 바탕으로 한국이 향후 고려해야 할 과제는 다음과 같다. 첫째, 각 기관에 AI 운영 팀과 최고 AI 책임자 체계를 도입하고, 전문 인재를 양성해야 한다. 둘째, 고성능 인프라와 표준화된 데이터 거버넌스 체계를 구축해 운영 안정성을 높여야 한다. 셋째, 모델 편향성과 보안 문제를 사전에 관리할 수 있는 책임성 체계를 내재화해야 한다. 넷째, 전략과 가이드라인을 유연하게 업데이트하고, 현장 피드백을 체계적으로 반영해야 하며, 마지막으로 국제 공조를 통해 글로벌 표준 형성에 능동적으로 참여할 필요가 있다.

결론적으로 한국은 아직 LLMOps 기반이 자리 잡는 초기 단계에 있으나, 정책 의지와 민간 기술력을 바탕으로 빠른 진화를 이룰 잠재력이 크다. 조직, 기술, 거버넌스가 유기적으로 작동하는 체계를 마련해 나간다면, 초거대 AI 시대에 책임 있는 공공 활용의 선도 국가로 자리매김할 수 있을 것이다.

참고문헌

과학기술정보통신부(2023.1). 클라우드 보안 인증 제도 CSAP 운영지침 개정안, https://www.msit.go.kr/bbs/view.do?sCode=user&bbsSeqNo=83&nttSeqNo=3175674

대한민국 법원(2025.4). 재판업무 지원을 위한 AI 모델 개발 ISP 결과보고서 게시 안내, https://www.scourt.go.kr/portal/news/NewsViewAction.work?seqnum=2570&gubun=3&searchOption=&searchWord=

디지털플랫폼정부위원회(2025.4). 공공부문의 효과적이고 안전한 AI 도입·활용 지원을 위한 범정부 가이드 배포, https://www.dpg.go.kr/DPG/contents/DPG02020000.do?schM=view&id=20250416111508521337&schBcid=press

병무청(2023). AI 면접 플랫폼 구축·운영,

https://www.mybudget.go.kr/debateRoom/debateRoomView?debate_no=03&newsgp_no=T202300004&debateYn=N&searchOrder=1&searchState2=&debate_no=&searchVal=&searchSDate=&in_year=&searchCate=&searchDel=&searchType=&listSize=10&searchKind2=&searchState=&bmt_idx=1&page=1&pd_se=&searchEDate=&branch=&searchKind=&searchCateSub=

한국행정연구원(2024). 국가별 공공부문 AI 도입 및 활용전략, https://www.innovation.go.kr/ucms/cmmn/file/fileDown.do?menuNo=300027&atchFileId=74d2718b13b7d88bca8979b33347de0dbaf59c6aa5a852051476c2e09c68c014&fileSn=1

행정안전부(2023.12). 2023 공공분야 초거대 AI 활용사례·아이디어 공모전 활용사례 분야 수상작 발표, https://www.mois.go.kr/frt/bbs/type013/commonSelectBoardArticle.do;jsessionid=uufPUwl+HBfGPBKW1DI0sZe4.node20?bbsId=BBSMSTR_000000000006&nttId=105921

GOV.UK(2023.8). A pro-innovation approach to AI regulation, https://www.gov.uk/government/publications/ai-regulation-a-pro-innovation-approach/white-paper

NIST(2023.1). AI Risk Management Framework (AI RMF 1.0). U.S. Department of Commerce, https://nvlpubs.nist.gov/nistpubs/ai/nist.ai.100-1.pdf

OECD(2023.12). Digital economy outlook 2023, https://www.oecd.org/en/publications/oecd-digital-education-outlook-2023_c74f03de-en.html

Office for Artificial Intelligence(2022.12). National AI Strategy. UK Government, https://www.gov.uk/government/publications/national-ai-strategy

Stanford Institute for Human-Centered Artificial Intelligence(HAI)(2025). AI Index Report 2025, https://hai.stanford.edu/ai-index/2025-ai-index-report

United States White House(2022.10). Blueprint for an AI Bill of Rights: Making Automated Systems Work for the American People. White House Office of Science and Technology Policy, https://bidenwhitehouse.archives.gov/ostp/ai-bill-of-rights/

U.S. Department of Defense(2023.7). CDAO annual report on AI and digital transformation in defense, https://www.defense.gov/News/Releases/Release/Article/3464012/chief-digital-artificial-intelligence-office-celebrates-first-year/

World Economic Forum(2025.1). The trust imperative: 5 levers for scaling AI responsibly, https://www.weforum.org/stories/2025/01/the-trust-imperative-5-levers-for-scaling-ai-responsibly/

05
보안 통제와 신뢰성 확보 방안

초거대 AI는 사회 전반에 혁신을 가져오는 기술이지만, 동시에 데이터 유출, 악용, 편향, 환각 등 복합적 보안 위협과 신뢰성 문제를 동반한다. 이에 대응하기 위해서는 개발 단계부터 운영 · 관리 · 폐기까지 전 생애주기에 걸친 다층적이고 통합적인 보안 체계와 윤리적 통제가 필수이며, 이를 통해서만 기술에 대한 사회적 신뢰를 확보할 수 있다.

AI와 아이돌?

초거대 AI 모델의 보안 취약성과 위협 요소

초거대 인공지능 모델의 발전은 자연어 이해와 생성 능력을 비약적으로 향상하며 사회 전반에 혁신 기대를 불러일으키고 있다. 그러나 그만큼 새로운 보안 위협과 신뢰성 문제가 동반되고 있다는 점에서 우려도 크다. 특히 대규모 언어 모델(LLM, Large Language Model)은 수십억 개의 파라미터와 방대한 데이터를 기반으로 설계되어 있어, 그 자체로 고유한 보안 리스크를 내포한다.

대표적 위협은 데이터 유출이다. 학습 과정에 포함된 민감 정보가 모델 출력으로 노출될 수 있으며, 실제로 개인정보, 기업 내부 자료, 소스 코드 등이 의도치 않게 응답에 포함된 사례도 보고되고 있다. 이는 정보 보호 측면에서 매우 심각한 위험이다.

또한, 모델 오용 가능성도 높다. 악의적 사용자가 LLM을 통해 피싱 메시지, 악성 코드, 허위 정보를 자동 생성할 수 있으며, 이는 사회적 신뢰와 정보 생태계에 혼란을 초래할 수 있다.

여기에 프롬프트 주입(prompt injection)이나 데이터 중독(poisoning)처럼, 모델의 응답을 조작하거나 학습 편향을 유도하는 적대적 공격도 점차 현실화되고 있다. 모델 인버전, 프롬프트 회피, 무단 복제 등 고도화된 공격 수법도 속속 등장하고 있다.

결국 초거대 AI 모델은 뛰어난 성능만큼이나 고차원적인 보안 위협에 노출되어 있으며, 기존 IT 보안 대응만으로는 충분치 않다. 이에 따라, 설계부터 운영에 이르기까지 통합적 보안과 윤리 관리 체계가 필수적이다.

LLMOps 운영 환경의 보안 체계

초거대 AI 모델의 안정적 운영을 위해서는 고도화된 보안 통제가 필수다. 특히 LLMOps 환경에서는 기존 IT 시스템과 다른 보안 위협이 존재하므로, 인프라부터 접근 제어, 입력 필터링, 내부자 대응까지 전방위적 보안 설계가 요구된다.

가장 기본은 망 분리와 폐쇄망 운영이다. 외부망과 완전히 격리된 모델 서버는 해킹과 민감 정보 유출 위험을 최소화하며, 공공 기관과 기업은 전용망 또는 내부망 환경에서 이를 구현하고 있다.

접근 통제는 최소 권한 원칙과 역할 기반 제어(RBAC), 다단계 인증(MFA), 작업 로그 기록 등을 통해 내부 위협을 방지한다. 외부 입력은 AI 파이어월, 보안 프록시, 가드레일(Guardrails.ai), 랭체인(LangChain) 등 도구로 실시간 검사해 공격성 문장과 부적절 표현을 차단해야 한다.

MLOps(Machine Learning Operations), CI/CD(지속적 통합/지속적 제공, Continuous Integration/Continuous Delivery) 파이프라인 보안도 중요하다. 자동화된 학습·배포 과정의 취약점을 점검하고, 외부 라이브러리는 검증된 소스만 사용하며 정기적으로 패치해야 한다. 저장소는 암호화하고, 권한은 최소화해야 한다.

운영 중에는 응답 패턴과 사용자 로그를 기반으로 이상 행위를 조기에 탐지해 대응할 수 있는 체계가 필요하다.

결국 폐쇄망, 접근 통제, 입력 필터링, 파이프라인 보안, 이상 탐지를 아우르는 다층적 보안 체계가 초거대 AI의 신뢰성과 안전성을 뒷받침하는 핵심 전략이 된다.

모델 편향, 환각 및 불확실성에 대한 검증과 통제

초거대 AI 모델의 본격적 활용과 함께, 성능뿐 아니라 신뢰성 확보가 핵심 과제로 부상하고 있다. 특히 편향(bias), 사실 왜곡(hallucination), 응답 불확실성은 공공과 산업 현장에서 주요 장애 요소로 지적된다.

편향은 데이터의 사회적·문화적 불균형이 AI에 반영

되어 특정 집단에 불공정한 결과를 초래하는 문제이며, 환각은 사실처럼 보이지만 실제로는 틀린 정보를 생성하는 현상이다. 질문을 제대로 이해하지 못하고도 자신 있게 응답하는 경우도 있어 오해의 소지가 크다.

이러한 문제는 다층적 대응으로 관리해야 한다. 먼저, 모델 배포 전 편향성 검증과 미세 조정, 윤리 기준을 반영한 데이터 설계가 필요하다. 생성 정보의 정확성 확보를 위해 검색 증강 생성(RAG), 교차 검증, 전문가 확인(Human-in-the-loop) 등을 활용해야 한다.

또한, 모델이 불확실한 질문에 대해 답변을 유보하거나 신뢰도 점수를 제공해 사용자의 판단을 돕는 기능도 중요하다. 신뢰도 기준 이하의 응답은 자동 제한하거나 검토 대상으로 분류할 수 있다.

윤리·안전성 확보를 위해 프롬프트 규칙, 출력 필터링, RLHF(Reinforcement Learning from Human Feedback, 인간 피드백 기반 강화 학습) 등 기술도 병행되어야 하며, 운영 중에는 사용자 피드백을 반영한 재학습이 필요하다.

결국, 개발부터 운영까지 편향 교정, 사실 검증, 불확실성 관리, 윤리 설계가 유기적으로 연계된 체계를 구축해야만 신뢰할 수 있는 초거대 AI 활용이 가능해진다.

국제 사례로 본 신뢰성 강화 원칙

초거대 AI 시스템이 세계적으로 확산됨에 따라, 기술의 신뢰성과 위험 관리를 위한 국제 기준과 정책 프레임워크 마련이 빠르게 진행되고 있다. 이는 AI가 사회 전반에 깊이 관여하게 된 현실을 반영하며, 기술 발전이 사회적 수용성과 연결되기 위해서는 책임성과 안전성, 윤리성이 제도적으로 뒷받침되어야 한다는 인식이 확산된 결과다.

미국은 2023년 국립표준기술연구소 AI 위험 관리 프레임워크(AI RMF 1.0)를 발표하며 신뢰 가능한 AI를 위한 관리 기준을 제시했다. 이 프레임워크는 설명 가능성, 투명성, 공정성, 안전성, 보안성, 개인정보 보호, 정확성과 신뢰성 등 7가지 원칙을 중심으로, AI 시스템의 전 생애주기에 걸친 위험 요소 관리 방안을 구체화하고 있다.

영국은 2024년부터 자국 AI 규제 원칙을 명문화하며, 5대 윤리 원칙(안전성, 투명성, 공정성, 책임성, 이의 제기 가능성)을 제시했다. 각 산업별 규제기관은 이 원칙을 자율적으로 해석 · 적용하면서, AI 개발자와 운영자가 실질적인 책임을 다하도록 유도하고 있다. 이 같은 자율 기반의 접근은 유연성과 규범 간 조화를 추구하는 영국식 모델의 특징을 보여 준다.

한편, 유럽연합(EU)은 보다 강력한 규제 중심의 접근을 택해, 「EU AI 법」을 통해 위험 기반의 차등 규제를 추진 중이다. 고위험 AI에 대해서는 사전 인증과 사후 감시를 요구하며, 전반적인 규제 강도를 높이고 있다. 이 외에도 경제개발협력기구(OECD), 유네스코(UNESCO) 등 국제기구들은 인간 중심 설계, 윤리적 개발, 투명한 운영 등을 중심으로 권고안을 마련하고, 국제 협력 기반을 구축 중이다.

이처럼 각국과 국제기구가 제시하는 정책 방향은 다양하지만, 모두 투명성, 공정성, 안전성, 책임성이라는 핵심 가치를 공유한다. 이는 초거대 AI를 포함한 범용 AI 시스템이 갖추어야 할 글로벌 신뢰성의 기준으로 자리잡고 있으며, 향후 AI 거버넌스 설계의 필수적 참조 지점이 될 것이다. 나아가 이러한 흐름은 AI 기술을 단순한 도구가 아닌, 사회를 위한 책임 있는 기술로 정착시키기 위한 국제적 합의를 반영한다.

한국 공공 기관의 보안 및 신뢰성 가이드라인 사례

우리나라도 초거대 AI의 공공 활용 확대에 대응해 보안성과 신뢰성 확보를 위한 정책 정비에 나서고 있다.

2024년 디지털플랫폼정부위원회는《공공 부문 초거대 AI 도입·활용 가이드라인 2.0》을 발표해, 생성형 AI의 도입부터 운영까지 공공 기관이 준수해야 할 기준을 체계적으로 제시했다.

가이드라인은 무분별한 도입을 지양하고, 기관의 전략 목표와 부합하는 분야에 한해 AI를 활용할 것을 권고한다. 이를 위해 망 분리 원칙을 재확인하고, AI 운영 환경에서도 내부망과 외부망의 물리적·논리적 분리를 명시하고 있다.

또 데이터 등급 분류 체계를 통해 활용 가능한 데이터와 제한 데이터를 구분하고, 주민등록번호 등 민감 정보는 철저히 배제하도록 규정했다. 프롬프트 입력과 응답 관리 측면에서도, 개인정보 출력 방지를 위한 자동 탐지 기술과 금지어 차단 메커니즘을 도입할 것을 권장하며, AI의 정확도를 높이기 위해 검색 증강 생성 기법 활용도 함께 제시하고 있다.

AI 도입 이후에는 성과와 위험을 측정할 수 있는 정량적 평가 체계를 마련해, 실제 운영 중 발생하는 문제와 사회적 영향을 분석하고 이를 정책 개선에 반영하도록 하고 있다.

이 가이드라인은 공공 부문의 책임 있는 AI 활용을 위한 최소한의 기준이자, 민간 부문에서도 유사한 기준이 정착될 수 있도록 방향성을 제시한다. 향후 기술 발전에 따라 보안과 윤리 이슈를 지속적으로 반영해 고도화될 필요가 있다.

운영 단계별 보안 점검 및 감사 체계의 필요성

초거대 AI 시스템의 보안과 신뢰성을 확보하려면 초기 도입 단계뿐 아니라 운영 전반에 걸친 지속적인 점검과 감사 체계가 필요하다. AI는 고정된 시스템이 아니라, 데이터 구성이나 보안 위협 등이 끊임없이 변화하는 동적 시스템이기 때문이다. 따라서 일회성 조치로는 부족하며, 전 생애주기를 아우르는 체계적인 위험 관리가 요구된다.

우선 개발 단계에서는 데이터 수집부터 모델 학습, 성능 평가에 이르기까지 개인정보 포함 여부, 편향, 저작권 위반 가능성 등을 철저히 검토해야 한다. 학습 코드와 외부 라이브러리, 파라미터 설정 등도 문서화하고, 내부 검토를 거치는 것이 바람직하다.

배포 단계에서는 서비스 환경에 탑재되기 전, 서버 포트 설정, API 키 보호, 관리자 접근 제한 등 보안 체크리스트 기반 점검을 통해 최소한의 보안 기준을 확보해야 한다.

운영 단계에서는 로그 분석, 권한 분리, 설정 변경 여부 확인 등 정기적인 감사와 모니터링이 핵심이다. 특히 모델이 허가받지 않은 데이터에 기반해 작동하거나, 관리자 권한이 부적절하게 분배된 경우를 사전에 식별해야 하며, 감사 전담 조직이 주기적으로 보고서를 작성하고 개선하는 체계를 갖춰야 한다.

또 모델 재학습, 파라미터 조정 등 변경 시에는 사전 위험 분석과 승인을 거치고, 모든 이력을 기록해 예기치 않은 성능 저하나 보안 취약점을 방지해야 한다.

더 나아가 '킬 체인(Kill Chain)' 개념을 도입해 공격 시나리오별 탐지 · 대응 체계를 마련하는 것도 효과적이다. 예를 들어, 프롬프트 조작 공격을 사전에 탐지하고 이상 응답이 발생할 경우, 즉시 차단하거나 롤백할 수 있는 절차를 마련해야 한다.

결국, 초거대 AI 보안은 일회성 조치가 아닌 지속적 점검과 개선이 반복되는 순환적 과정이며, 개발부터 폐기까지 전 주기에 걸친 통합적 보안 통제가 공공과 민간 모두에 필수적인 책임 요소로 자리 잡아야 한다.

참고문헌

디지털플랫폼정부위원회(2025.4.16). 디플정위, 공공 초거대 AI 기본지침 '가이드라인 2.0' 배포. 전자신문, https://www.etnews.com/20250416000194

윤창희(2025.6). [AI DeepInsight_202504] 지속 가능한 공공 파운데이션 모델 구축 및 활용 방안 연구, https://www.nia.or.kr/site/nia_kor/ex/bbs/View.do?cbIdx=82618&bcIdx=28168&parentSeq=28168

최정완(2024). Security threats to enterprise generative AI systems and countermeasures. 《융합보안논문지》, https://www.kci.go.kr/kciportal/ci/sereArticleSearch/ciSereArtiView.kci?sereArticleSearchBean.artiId=ART003102671

DeGeurin, M.(2023.4). Oops: Samsung employees leaked confidential data to ChatGPT. *Gizmodo,* https://gizmodo.com/chatgpt-ai-samsung-employees-leak-data-1850307376

Gallo, V. & Nair, S.(2024.2). The UK's framework for AI regulation. *Deloitte UK,* https://www.deloitte.com/uk/en/Industries/financial-services/blogs/the-uks-framework-for-ai-regulation.html

GOV.UK Department for Science, Innovation and Technology(UK)(2024.2). A pro-innovation approach to AI regulation: Government response, https://www.gov.uk/government/consultations/ai-regulation-a-pro-innovation-approach-policy-proposals/outcome/a-pro-innovation-approach-to-ai-regulation-government-response

National Institute of Standards and Technology(NIST)(2023.1).

AI risk management framework 1.0, https://nvlpubs.nist.gov/nistpubs/ai/nist.ai.100-1.pdf

Thamma, S. R.(2025.2). Security and compliance in LLMOps: addressing privacy risks. *Medium,* https://medium.com/@t.sankar85/security-and-complianc e-in-llmops-addressing-privacy-risks-1b8509901c85

06
성능 검증과 현장 평가 체계

초거대 AI의 공공 도입은 단순한 기술 성능이 아니라, 실제 행정 효과와 국민 체감도를 중심으로 평가되어야 한다. 사전 기능 검증, 운영 성과 측정, 사용자 피드백 반영까지 아우르는 정교한 평가 체계는 책임성과 신뢰 확보의 핵심이며, 이는 지속 가능한 행정 혁신의 토대이자 공공 LLM 활용의 정당성과 정책적 설득력을 입증하는 전략적 수단이 된다.

AI와 야구?

공공 서비스에 초거대 AI 도입의 필요성과 목표

초거대 AI는 방대한 데이터를 학습해 인간 수준의 언어 이해와 추론을 구현하는 기술로, 공공 서비스 혁신의 핵심 기반으로 주목받고 있다. 이를 행정에 도입하면 반복적 업무를 자동화하고, 대국민 서비스를 개인화하며, 응답의 속도와 정확도를 높이는 등 행정 효율성과 서비스 품질을 동시에 향상할 수 있다.

정부는 이러한 기술을 단순한 시범이 아닌, 국민이 체감할 수 있는 실질적 성과로 전환하는 데 정책 목표를 두고 있다. 사회 문제 해결, 대국민 서비스 혁신, 공직 사회 업무 효율화를 중심으로 AI 정책이 추진되며, 기술 도입 자체보다는 공공의 가치 실현에 방점이 찍혀 있다.

이를 위해서는 단순한 성능이 아닌 실제 행정 적용 가능성, 국민 만족도, 결과에 대한 책임성을 포괄하는 다층적 평가가 필요하다. 공공 서비스는 민간과 달리 속도·정확도만으로는 충분하지 않기에, 국민 편익 증진 등 정책적 성과까지 종합적으로 살펴야 한다.

따라서 초기 도입부터 운영까지 전 과정을 포괄하는 성능 검증 체계를 갖추는 것이 중요하다. 행정 자동화 기여도, 서비스 품질 개선, 오류 감소, 책임성 확보 등을 면밀히 평가함으로써 기술 안정성뿐 아니라 실증 사례와 운영 노하우도 함께 축적할 수 있다.

이러한 체계적 평가는 국민 신뢰를 높이고, 공공 부문 AI 도입의 투자 대비 효과를 극대화하는 데 기여한다. 결국 초거대 AI가 사회적 가치로 연결되기 위해서는 활용 방법뿐 아니라, 그 효과를 어떻게 측정하고 입증할 것인가에 대한 기반이 반드시 마련되어야 한다.

사전 성능 검증 체계 구축: 도입 단계의 평가

초거대 AI를 공공 서비스에 도입하기 전에는 기능과 한계를 체계적으로 점검하는 검증 절차가 필수다. 이는 기술 도입의 타당성을 확보하고, 책임 있는 운영을 위한 출발점이 된다.

우선, AI 적용 대상 업무의 특성과 목표를 명확히 정의하고 이를 기준으로 파일럿 테스트를 수행한다. 예를 들어 민원 챗봇은 과거 데이터를 기반으로 응답의 정확성, 맥락 적절성, 표현 품질을 평가하며, 문서 요약 · 번역 기능은 핵심 정보 반영과 자연스러움을 중심으로 검토한다. 이 과정에서는 정답률뿐 아니라 전문가의 정성적 평가와 함께, 공공성 · 윤리성 · 편향 여부도 점검해야 한다.

보안성과 개인정보 보호도 중요하다. 폐쇄망 운용 여

부, 불필요한 개인정보 노출, 보안 등급 기준 충족 여부 등을 확인해야 하며, 이는 정부 가이드라인에도 명시돼 있다.

기술적 성능도 검토 대상이다. 대국민 서비스의 경우 동시 접속 처리, 응답 속도, 안정성을 부하 테스트로 점검하고, 서비스 수준 협약(SLA, Service Level Agreement) 기준에 따른 수치화된 평가가 필요하다. 기존 행정 시스템과의 연동 가능성, 출력 양식의 실용성, 사용자 인터페이스(UI, User Interface)의 직관성 등도 함께 고려된다.

이러한 다층적 검증은 향후 운영성과 평가의 기준이 되며, 모델 개선과 효과 측정의 근거로 작용한다. 정부는 각 기관이 자율적으로 검증 체계를 설계할 수 있도록 가이드라인을 제공하고 있다.

결국 초거대 AI의 공공 도입은 기술력뿐 아니라 행정 정합성과 사회적 영향까지 고려한 사전 검증을 통해서만 책임 있고 신뢰할 수 있는 활용이 가능하다.

현장 평가 및 서비스 성과 측정: 운영 단계 중심의 접근

초거대 AI가 행정 업무나 대국민 서비스에 도입된 이후에는, 단순 작동 여부를 넘어 기술이 실제로 행정 효율성과 국민 체감 향상에 기여하는지를 지속적으로 점검할 체계가 필요하다. 도입 전 설정한 목표가 현장에서 얼마나 실현되고 있는지 확인하고, 개선이 필요한 부분을 조기에 반영하는 선순환 구조가 중요하다.

기본 평가는 정량 지표 기반의 성과 분석이다. 민원 응답 시간 단축, 문서 자동 분류 건수, 처리 속도 향상, 인건비 절감 등은 AI의 생산성 효과를 수치로 입증하는 대표 사례다. 동시에 정성 지표도 중요하다. 사용자 만족도, 응답의 친절성, 정보 접근성, 재제기 건수 등은 AI 서비스의 수용성과 신뢰도를 보여 준다. 오류 응답 비율, 재처리 건수 등도 품질 관리에 필수적이다.

서비스 수준 협약 기준인 시스템 가용성, 응답 속도, 장애 빈도 등도 평가에 포함돼야 하며, 일정 수준 이하일 경우 개선 조치를 유도해야 한다. 이러한 평가는 생애주기별 지표(투입-과정-산출-결과)를 중심으로 구성되며, 결과 지표는 공공가치 실현 여부를 판단하는 장기 기준이 된다.

도입 전후 비교나 기존 방식과 AI 방식 간 성과 차이를 분석하는 방식도 유효하다. 이는 영국 등 해외에서도 실제 효과를 검증하는 데 활용되고 있다. 결국 AI 도입의 성패는 기술력보다도, 효과를 신뢰성 있게 측정하고 설명할 수 있는 평가 체계에 달려 있다.

피드백 기반 운영 개선과 지속 가능한 AI 서비스 고도화

초거대 AI를 공공 서비스에 도입한 이후에는, 운영 중 얻어지는 피드백을 체계적으로 수집하고 분석하는 과정이 중요하다. 이는 단순한 기술 유지 차원을 넘어, 성능 개선과 책임성 확보를 위한 핵심 기반이 된다.

피드백은 사용자 의견과 시스템 데이터를 통해 수집할 수 있다. 대국민 서비스의 경우 만족도 조사, 민원 접수 등 다양한 채널을 통해 국민의 경험을 반영하고, 내부 행정 도구는 공무원 대상의 설문이나 인터뷰를 통해 불편 사항과 개선 요구를 파악한다. 이와 함께, 대화 기록, 오류 로그, 사용 통계 분석을 통해 오류 유형이나 주요 사용 기능을 객관적으로 확인할 수 있다.

수집된 피드백은 개발 및 운영 부서 간 협력을 통해 반영되어야 하며, 반복 오류가 있는 기능은 학습 데이터를 보강하거나 검수 절차를 강화해 보완하고, 사용자 인터페이스 문제는 즉시 개선해 사용성을 높여야 한다. 또한, 중요 의사 결정에는 전문가 확인 절차를 적용해 인간 검토자의 판단을 반영하고, 그 결과를 다시 학습 데이터로 활용하는 순환 구조를 구축하는 것이 바람직하다.

운영 중에는 초기 설정한 KPI(Key Performance Indicator, 핵심 성과 지표)가 여전히 유효한지를 점검하고, 필요시 콜백률 등 새로운 지표를 추가하는 등 유연한 조정도 필요하다. 외부 감사나 제3자 평가를 통해 독립적인 진단을 받는 것도 신뢰성을 높이는 효과적인 방법이다.

이러한 피드백 루프가 정착되면, AI는 지속적으로 진화하며 행정 환경 변화에도 능동적으로 대응할 수 있다. 나아가 개선 결과를 국민과 투명하게 공유하고 적극적으로 소통하면, AI 활용에 대한 책임 있는 자세를 보여주고, 공공 서비스 전반에 대한 신뢰를 높이는 데 기여할 수 있다.

국내 초거대 AI 공공 도입 사례와 정책 추진 현황

대한민국 정부는 초거대 AI의 공공 서비스 도입을 본격화하며, 《공공 부문 초거대 AI 도입 · 활용 가이드라인 2.0》을 수립 · 배포했다. 이 가이드라인은 도입 절차, 윤리 원칙, 보안, 성능 평가 등을 포함해 기관별 실무 적용을 지원한다.

정부는 국내외 110여 건의 활용 사례도 함께 제공해 기관 간 벤치마킹과 정책 설계에 도움을 주고 있으며, 공공 AI의 성공률을 높이기 위한 평가 · 공유 체계를 마련했다.

2024년에는 예산을 대폭 확대해 '초거대 AI 활용 지원 사업'을 추진 중이며, 플랫폼 이용과 서비스 개발 지원을 병행하고 있다. 과제별 성과는 평가를 거쳐 전국 확산 또는 정책 개선에 반영된다.

대표 사례로는 AI 챗봇을 통한 신규 직원 교육, 민원 응대 향상, 콜센터 상담 품질 개선 등이 있으며, 외신 요약, 입찰 평가 자동화 등 다양한 아이디어가 실증 사업으로 추진되고 있다.

지방 정부도 적극 나서 송파구는 '송파 AI 브레인', 성동구는 '성동 GPT'를 통해 행정 자동화와 민원 응답을 개선 중이다. 강서구와 동대문구는 AI 혁신 태스크포스(TF)와 위원회를 운영하며 윤리 검토와 실증을 병행하고 있다.

중앙 · 지방 정부뿐 아니라 국가 출연 연구 기관과 각 부처 산하의 전문 연구 기관들도 도메인 특화형 LLM(Large Language Mode, 대규모 언어 모델) 개발과 실증을 활발히 추진 중이다. 한국과학기술정보연구원(KISTI)

은 과학기술 논문과 특허 기반의 대규모 언어 모델 '고니(GONI)'를 개발해 문제 해결형 검색 증강 생성(RAG) AI로 발전시키고 있으며, 군수사령부 및 KBSI 등에도 확산 적용 중이다. 한국지질자원연구원은 'GeoAI' 플랫폼을 통해 지질 시공간 데이터를 통합 분석·시각화하고 있으며, 한국원자력연구원은 민감 정보가 많은 환경에서도 활용 가능한 '아토믹 GPT'를 개발해 규제 검토 등 핵심 업무에 적용하고 있다. 또한 한국에너지기술연구원은 RAG 기반 챗봇 '규봄이'를 도입해 규정 보고서 검색 소요 시간을 126일에서 3일로 단축하고, 비용을 97% 절감하는 성과를 달성했으며, 한국기초과학지원연구원(KBSI)은 'AI 다이내믹 스트럭처(AI Dynamic Structure)'를 통해 생체 분자 구조 예측 기반의 신약 개발 연구를 추진 중이다.

정책 연구 기관인 한국과학기술정보연구원(KISTEP)은 자체 개발한 과학 기술 정책 특화 LLM '스파크(SPARK)'와 생성형 AI 서비스 '키스텝-젠(KISTEP-GEN)'을 내부망 환경에서 운영하고 있다. 모든 연산은 외부 API 없이 내부망에서 처리되어 민감 정보의 유출을 차단하고, 보안성과 정확성을 동시에 확보했다. 도입 이후에는 반복적인 보고서 작성과 정책 동향 분석 등에서 업무

시간 단축과 문서 품질 향상 등 실증 성과가 확인되었으며, 공공 기관에서 생성형 AI를 안전하고 효율적으로 도입할 수 있는 모범 사례로 평가받고 있다.

이처럼 중앙과 지방 정부, 출연연 및 정책 기관의 협력을 통해 공공 AI 생태계는 빠르게 확산되고 있으며, 초거대 AI는 이제 지속 가능한 행정 혁신의 핵심 도구로 자리매김하고 있다.

해외 공공 기관의 AI 활용 평가 동향

전 세계적으로 인공지능의 공공 행정 도입이 확산되면서, 성과 평가와 책임성 확보가 각국 정부의 핵심 과제로 부상하고 있다. 이에 따라 다양한 평가 프레임워크와 정책 지침이 마련되고 있으며, 각국은 자국 상황에 맞는 체계적 접근을 통해 AI 도입의 효과를 객관적으로 검증하고 있다.

영국은 AI 국가 전략(2022) 이후 기존 정책 평가 도구(그린북 · 마젠타북)에 AI 평가 항목을 반영하고, 부처별 디지털 평가 팀을 통해 개발에서 운영까지의 전 주기에 걸쳐 기술 성능, 정책 효과, 사회적 영향 등을 분석하고 있다. 특히 오류율과 부작용 여부에 따라 사업 지속 여부를 결정하는 체계를 갖추고 있다.

미국은 회계감사원(GAO, Government Accountability Office: 미국 의회를 위한 감사 업무를 수행하는 독립적 비영리 기관)의 'AI 책임성 프레임워크'를 통해 거버넌스, 데이터, 성능, 모니터링 관점에서 전 주기 평가를 수행한다. 단순 예측력보다 정책 기여도와 운영 이후 리스크 관리 체계를 강조하며, 국립표준기술연구소와 관리예산실 지침과 연계해 고위험 AI의 사전 · 사후 평가를 제도화하고 있다.

싱가포르, 캐나다, 유럽연합(EU)도 각기 다른 방식으로 공공 부문 AI 평가를 강화하고 있다. 싱가포르는 인증 및 평가 제도를, 캐나다는 알고리즘 영향 평가(AIA)를 의무화하고 있으며, EU는 「EU AI 법」을 통해 사전 적합성 평가와 사후 감시를 동시에 요구하고 있다.

이들 국가는 공통적으로 기술 성능뿐 아니라 정책 성과와 사회적 책임까지 포함하는 종합 평가 체계를 중시하고 있다. 평가 지표의 명확성, 독립 검증 구조, 결과의 투명성 확보가 신뢰받는 AI 도입의 기반으로 작용하고 있다.

대한민국도 이러한 국제 흐름을 반영해 《공공 부문 초거대 AI 도입 · 활용 가이드라인 2.0》에 해외 42개국의 사례를 수록하고, 각 기관이 자율적이면서도 글로벌 기준에 부합하는 평가 지표를 설계하도록 지원하고 있다.

전문가 위원회를 통한 ROI(투자수익률) 분석과 윤리 검토 체계, 국제 공공 AI 평가 모델 공동 개발 등은 향후 국내 거버넌스의 신뢰성과 국제 정합성을 높이는 방안이 될 수 있다.

결국 초거대 AI가 공공 행정에 안정적으로 자리 잡기 위해서는, 효과를 객관적으로 측정하고 투명하게 평가할 수 있는 체계가 반드시 전제되어야 한다.

참고문헌

김한나(2025.4). '업무 효율 높인다' … 서울 자치구 AI 도입 속도' 쿠키뉴스, https://m.kukinews.com/article/view/kuk202504110167#_digitalcamp

디지털플랫폼정부위원회·과학기술정보통신부(2024.4). '2024년 초거대AI 활용 지원 사업 공고', https://www.msit.go.kr/bbs/view.do?sCode=user&nttSeqNo=3184345&pageIndex=&searchTxt=&searchOpt=ALL&bbsSeqNo=94&mId=113&mPid=238

디지털플랫폼정부위원회(2025.4). '공공 부문의 효과적이고 안전한 AI 활용 지원을 위한 범정부 가이드 배포', https://www.dpg.go.kr/DPG/contents/DPG02020000.do?schM=view&id=20250416111508521337&schBcid=press

박건희(2025.4). '정확도·보안 높인 특화형 AI '스파크… '공공 부문 AI 전환 이끈다', 머니투데이,

https://news.mt.co.kr/mtview.php?no=2025042411053381255

행정안전부·한국지능정보사회진흥원(NIA)(2023.10). '2023년 공공분야 초거대AI 활용사례·아이디어 공모전'. 국민참여소통포털, https://mois.go.kr/frt/bbs/type013/commonSelectBoardArticle.do;jsessionid=uVuvfhSHBaB2BBP81rIonCQR.node20?bbsId=BBSMSTR_000000000006&nttId=104034

UK Department for Business and Trade(2025.4). Understanding the evaluations role in measuring the impact of AI interventions across government, https://digitaltrade.blog.gov.uk/2025/04/14/understanding-the-evaluations-role-in-measuring-the-impact-of-ai-interventions-across-government/

U.S. Government Accountability Office(GAO)(2021.6). Artificial Intelligence: An Accountability Framework for Federal Agencies and Other Entities. https://www.gao.gov/products/gao-21-519sp

07
지속 가능한 파운데이션 모델 파이프라인 구축

파운데이션 모델은 초거대 AI 시대의 핵심 기반이지만, 막대한 자원 소모와 사회적 책임을 수반한다. 지속 가능성을 확보하려면 고성능 인프라, 신뢰할 수 있는 데이터, 재학습 체계, 윤리 거버넌스, 민관 협력이 결합된 통합 파이프라인이 필수다. 아울러 기술 변화에 대응할 내부 R&D 역량과 협업 체계, 일회성 개발을 넘는 장기 운영 기반도 갖춰야 한다.

AI와 윤동주?

파운데이션 모델과 지속 가능성

파운데이션 모델은 대규모 데이터를 기반으로 사전 학습되어 다양한 과제에 범용으로 활용되는 초거대 인공지능이다. GPT 시리즈, 버트(BERT), 멀티모달 모델 등이 대표적이며, 이들은 자연어 처리, 이미지 생성, 코드 작성, 과학 분석 등 다양한 분야에서 인공지능 혁신을 주도하고 있다.

이러한 모델은 수십억~수천억 개의 매개 변수를 바탕으로 작동하며, 성능을 뒷받침하기 위해 막대한 연산 자원과 고품질 데이터, 안정적인 운영 체계, 윤리 기준이 함께 요구된다. 단일 목적 AI와 달리 범용성을 지닌 파운데이션 모델은 학습 구조가 훨씬 복잡하고, 기술적 · 사회적 책임도 더욱 중요해진다. 따라서 단기적 성과보다 장기적 지속 가능성이 핵심 과제로 부각되고 있다.

지속 가능한 개발은 단순한 친환경적 접근을 넘어, 안정적 성능 유지와 사회적 신뢰 확보를 위한 전방위적 기반 마련을 뜻한다. 여기에는 고효율 인프라, 안전한 데이터 수급 체계, 유연한 재학습 전략, 기술의 투명성과 책임을 보장할 거버넌스, 그리고 민관 협력 체계까지 포함된다.

이러한 핵심 요소를 중심으로, 파운데이션 모델의 책

임 있는 개발과 안정적 운영을 위한 전략과 과제를 살펴본다. 국내외 사례와 정책 흐름을 함께 검토하며, 한국이 추구할 지속 가능하고 공공성과 혁신성을 겸비한 파운데이션 모델 구축 방향을 제시한다.

기술 인프라 구성: 파운데이션 모델의 토대

파운데이션 모델 개발과 운용의 핵심은 고성능 컴퓨팅 인프라에 있다. 수억~수조 개의 가중치를 학습하려면, 강력한 연산 능력을 지닌 그래픽처리장치(GPU)나 텐서처리장치(TPU), 고속 네트워크, 대용량 저장 장치로 구성된 분산 처리 시스템이 필수다.

예를 들어, GPT-3는 마이크로소프트 애저 클라우드의 수천 대 GPU에서 학습됐고, 구글의 람다(LaMDA)는 전용 TPU 팟 인프라에서 훈련되었다. 국내에서도 네이버는 700PFlops급 슈퍼컴퓨터를 바탕으로 하이퍼클로바를 개발했고, 카카오와 LG도 자체 GPU팜과 데이터센터를 구축하며 경쟁에 뛰어들었다. 이러한 인프라는 모델 학습의 안정성과 속도를 동시에 확보하는 기반이 된다.

인프라 설계에서는 확장성과 효율성이 중요하다. 메모리, 데이터, 파이프라인 병렬화 기법을 적용한 분산

학습 구조가 필수적이며, 메타는 파이토치(PyTorch Distributed), 딥스피드(DeepSpeed), 그리고 1.6만 개 GPU로 구성된 AI 슈퍼컴퓨터 RSC를 통해 이를 구현하고 있다.

한편, 에너지 효율성과 환경 지속 가능성도 고려해야 할 요소다. 초거대 모델 학습은 막대한 전력을 소모하며 탄소 배출도 많기 때문에, 수냉식 냉각, 재생 에너지 사용 등 친환경 데이터 센터 운영이 병행되고 있다.

또한 클라우드 기반 인프라 활용이 확대되며, 자원 효율성과 접근성도 향상되고 있다. 스타트업이나 연구 기관은 AWS, 구글 클라우드 등에서 고성능 컴퓨팅(HPC, High Performance Computing) 서비스를 이용하고 있고, 네이버는 하이퍼클로바를 API로 제공해 중소 개발자의 접근성을 높이고 있다.

결국, 전략적인 기술 인프라 구축은 안정성과 확장성, 에너지 효율, 기술 접근성을 종합적으로 고려해야 하며, 이는 파운데이션 모델 수요 증가에 유연하게 대응하고, 지속 가능한 AI 생태계를 여는 출발점이 된다.

데이터 수급 및 관리: 지속 가능한 모델 성능의 핵심 기반

파운데이션 모델의 성능은 데이터의 양보다 질과 윤리성에 크게 좌우된다. 아무리 뛰어난 알고리즘과 자원이 있어도, 편향되거나 부정확한 데이터를 학습하면 응답 결과가 왜곡될 수 있다. 고품질 데이터의 확보와 관리가 필수인 이유다.

현재 모델 학습에는 웹 문서, 뉴스, 논문, 이미지 등 방대한 비정형 데이터가 활용되며, 국내에선 네이버, 카카오, LG 등이 한국어 데이터를 자체 구축하고, 정부도 AI 허브를 통해 산업별 데이터를 공개하며 민관 협력을 강화하고 있다. 글로벌 차원에서는 커먼 크롤(Common Crawl), 라이언(LAION, Large-scale Artificial Intelligence Open Network) 등이 오픈 소스 데이터를 제공해 연구 접근성을 높이고 있다.

그러나 데이터 수집 시 편향 · 개인정보 · 저작권 문제를 예방하기 위한 전처리와 품질 관리가 중요하다. 특히 한국어 모델의 경우 사회적 민감성에 대한 점검이 필요하다. 「EU AI 법」은 데이터 투명성 공개를 의무화하고 있으며, 국내 기업들도 AI 데이터 윤리 가이드를 도입 중이다.

나아가 데이터는 단순한 자원이 아니라, 동의 · 재사용 기준 등을 포함한 데이터 거버넌스 체계 안에서 운영돼야 한다. 법적 책임과 활용 효율성을 함께 고려한 설계가 필요하며, 신뢰 기반의 데이터 파이프라인을 통해 기술성과 사회적 수용성을 동시에 확보할 수 있다.

지속적인 모델 재학습 전략: 파운데이션 모델의 생명력 유지

파운데이션 모델은 한 번의 학습으로 완성되지 않으며, 변화하는 환경과 사용자 요구에 따라 지속적인 재학습과 개선이 필요하다. 최신 정보를 반영하고 응답 품질을 높이기 위해서는 주기적인 업데이트 체계를 갖추는 것이 필수다.

대표적인 재학습 방식은 도메인 특화 미세 조정으로, 신조어나 최신 정책 용어 등을 반영하거나 사용자 피드백을 통해 모델의 응답을 개선한다. 예를 들어, GPT-3.5와 GPT-4는 인간 피드백 기반 강화 학습(RLHF)을 통해 정확성과 유용성을 향상했고, 국내에서도 네이버와 SK텔레콤 등 주요 기업이 실사용 데이터를 반영해 모델 성능을 지속 개선하고 있다.

초거대 모델의 재학습에는 전체 모델을 처음부터 다

시 학습하기보다는, 로라(LoRA)나 어댑터와 같은 경량화 기법을 활용해 필요한 부분만 선택적으로 업데이트하는 방식이 주로 쓰인다. 이 방식은 연산 효율성을 높일 뿐 아니라 기존 지식이 훼손되는 'Catastrophic forgetting(치명적 망각)' 현상도 줄일 수 있다.

최근에는 자동화된 학습 파이프라인을 구축해 실시간 데이터 흐름에 따라 모델이 자동으로 업데이트되도록 하는 시도도 이뤄지고 있다. 이를 위해선 데이터 수집, 검증, 학습 전반에 걸친 품질 관리 체계가 함께 마련되어야 한다. 예컨대 구글은 사용자 로그를 기반으로 오류 응답을 수집하고, 이를 반복적으로 학습에 반영함으로써 민감한 이슈나 오류에 대한 대응력을 높이고 있다.

재학습은 단지 성능 유지를 위한 기술적 절차에 그치지 않고, 모델이 사회적 기준과 책임을 반영하도록 조정하는 핵심 장치이기도 하다. 편향되거나 부정확한 응답이 발견될 경우, 관련 데이터를 보완해 재학습함으로써 책임 있는 AI 개발과 운영이 가능해진다. 이는 모델 거버넌스와도 긴밀하게 연결되는 부분이다.

결국, 파운데이션 모델은 지속적인 학습과 진화를 통해서만 기술적 신뢰성과 사회적 수용성을 동시에 확보할 수 있으며, 이는 장기적인 지속 가능성을 담보하는 핵심 조건이 된다.

모델 거버넌스와 윤리: 책임 있는 파운데이션 모델 운영의 기반

파운데이션 모델의 성공적 활용을 위해서는 민관 협력 구조가 필수다. 초거대 AI는 막대한 자원과 고도의 기술 역량을 요구하므로, 정부와 민간이 각자의 역할을 분담해 기술 발전과 사회적 수용성을 함께 추구해야 한다.

정부는 인프라와 재정 지원을, 민간은 기술 개발과 실행을 맡는다. 영국은 브릿GPT(BritGPT) 전략 아래 슈퍼컴퓨터를 구축하고 민간 전문가와 협력 중이며, 프랑스의 빅사이언스(BigScience) 프로젝트와 EU의 유로HPC(EuroHPC, European High-Performance Computing, 범유럽 슈퍼컴 연합체) 역시 공공 자원을 활용한 협력 모델로 주목받고 있다.

한국도 '초거대 AI 확산 생태계 조성 사업'을 통해 산업별 모델 개발과 실증을 지원하며, 다양한 규모의 기업과 연구 기관이 참여하는 개방형 플랫폼을 운영 중이다. 민간은 산학 협력을 통해 평가 데이터세트 구축, 공동 연구, 인재 양성 등을 추진하고 있다.

공공 서비스 분야에서도 협력이 확대되고 있다. 행정

안전부는 AI 공모전을 통해 행정 지원형 AI 시스템 도입을 모색하고 있으며, 향후 교사나 공무원용 AI 비서로의 확장도 기대된다.

또 유네스코(UNESCO), 경제개발협력기구(OECD), GPAI 등의 국제 논의 플랫폼을 통해 윤리 기준과 정책 방향을 공유하며 글로벌 협력 기반도 강화되고 있다.

결국, 민관 협력은 파운데이션 모델을 특정 기업의 자산이 아닌 사회 전체의 공공 인프라로 정착시키는 핵심 동력이며, 지속 가능한 AI 생태계 조성의 필수 조건이라 할 수 있다.

파운데이션 모델의 지속 가능성을 위한 전략적 통합

지속 가능한 파운데이션 모델 파이프라인을 구축하려면 기술 인프라, 데이터, 재학습 체계, 거버넌스, 민관 협력에 이르는 전방위적 전략이 필요하다. 현재 세계 각국과 기업들은 슈퍼컴퓨터를 구축하고, 대규모 데이터를 수집·가공하며, 대규모 언어 모델 개발에 역량을 집중하고 있다.

하지만 단순한 기술 투자만으로는 충분하지 않다. 효율성과 책임성, 기술성과 사회성을 동시에 고려한 균형 잡힌 접근이 요구된다. 확장 가능한 인프라 위에 신뢰할 수 있는 데이터를 안정적으로 공급하고, 모델을 주기적으로 개선하며, 전 과정을 윤리적이고 투명하게 관리할 수 있는 거버넌스 체계가 핵심이다. 여기에 공공, 민간, 학계, 시민 사회가 협력하는 생태계 기반의 연대가 더해져야 비로소 파운데이션 모델이 사회에 실질적 가치를 제공할 수 있다.

이러한 기반에서 구축된 모델은 단순한 기술을 넘어, 언어 장벽을 해소하고 산업을 혁신하며 공공 서비스 품질을 높이는 등 핵심 기반 기술로서 다양한 분야에 기여한다. 파운데이션 모델은 일회성 시스템이 아니라 지속적으로 진화하는 지식 인프라다.

앞으로는 국내외 사례와 정책을 지속적으로 분석해 이를 자국 환경에 맞게 적용하는 노력이 이어져야 한다. 그렇게 할 때, 파운데이션 모델은 특정 국가나 기업의 전유물이 아닌 모두를 위한 공공 자산으로 자리 잡을 수 있으며, 이는 곧 AI 시대의 경쟁력과 윤리적 책임을 함께 실현하는 길이 될 것이다.

참고문헌

과학기술정보통신부(2023.4). 민간의 첨단 초거대 인공지능 활용지원 사업 공모(사업공고 제2023-0446호), https://www.msit.go.kr/bbs/view.do?sCode=user&nttSeqNo=3178371&bbsSeqNo=100&mId=129&mPid=224

이현주(2021.1). '초대형 인공지능' 만들어 AI 주권 지킬 겁니다. 매거진한경, https://magazine.hankyung.com/business/article/202101227770b

한국지능정보사회진흥원(2025.4). 2025년 초거대AI 확산 생태계 조성 사업 설명회 개최, https://nia.or.kr/site/nia_kor/ex/bbs/View.do?cbIdx=90549&bcIdx=27967&parentSeq=27967

BigScience(2023.6). BLOOM: A 176B-parameter open-access multilingual language model, *ArXiv,* https://arxiv.org/abs/2211.05100

Bommasani, R. et al.(2021.8). On the opportunities and risks of foundation models. Stanford Institute for Human-Centered Artificial Intelligence (HAI)Stanford University. *ArXiv,* https://arxiv.org/abs/2108.07258

European Union(2023). Artificial Intelligence Act(AI Act).

Milmo, D. & Hern, A.(2023.3). UK to invest £900m in supercomputer in bid to build own 'BritGPT'. The *Guardian,* https://www.theguardian.com/technology/2023/mar/15/uk-to-invest-900m-in-supercomputer-in-bid-to-build-own-britgpt

National Institute of Standards and Technology(NIST)(2023). AI risk management framework. U.S. Department of Commerce, https://www.nist.gov/itl/ai-risk-management-framework

Strubell, E. et al.(2019.6). Energy and Policy Considerations for

Deep Learning in NLP. *Proceedings of ACL 2019*. ArXiv, https://arxiv.org/abs/1906.02243

UK Government(2023.4). Initial £100 million for expert taskforce to help UK build and adopt next generation of safe AI, https://www.gov.uk/government/news/initial-100-million-for-expert-taskforce-to-help-uk-build-and-adopt-next-generation-of-safe-ai

Zhou, X. et al.(2024.1). Training and serving system of foundation models: A comprehensive survey, *ArXiv*, arXiv:2401.02643.

08
인프라와 GPU 전략

초거대 AI 모델의 확산으로 GPU 중심의 AI 인프라는 국가 전략 경쟁력의 핵심 요소로 부상하고 있다. 한국은 공공과 민간이 함께 AI 컴퓨팅 인프라 구축에 나서고 있으며, 각기 다른 전략을 통해 연산 자원을 확보하고 있다. 이 장에서는 이러한 인프라 생태계의 현황과 과제를 점검하고, 지속 가능한 운영을 위한 전략적 조건을 살펴본다.

AI와 한의학?

국가 차원의 AI 인프라 구축 전략

초거대 AI 모델 시대에 접어들며, 고성능 컴퓨팅 인프라는 국가 경쟁력의 핵심으로 떠올랐다. 각국이 연산 수요에 대응해 AI 인프라를 강화하는 가운데, 한국도 국가 AI 컴퓨팅 센터 구축을 본격화하고 있다. 과학기술정보통신부는 2027년까지 1엑사플롭스급 성능과 1.5만 개의 H100 GPU를 갖춘 인프라를 마련해, 민관이 함께 활용하는 개방형 플랫폼으로 운영할 계획이다. 2030년까지 GPU 국산화 50% 달성도 목표로 한다.

이러한 센터는 글로벌 빅테크 대비 상대적으로 부족한 국내 인프라를 보완하고, 중소기업과 연구 기관의 접근성을 높이는 기반이 될 것으로 기대된다. 실제로 광주 AI 데이터 센터는 중소기업에 GPU를 무상 제공해 비용 절감에 기여했지만, 운영 예산 부족으로 가동 중단을 겪으며 지속 운영의 중요성을 드러냈다.

이에 따라 정부는 공공뿐 아니라 민간 투자도 병행하고 있다. AI를 국가 전략 기술로 지정해 세제 혜택을 제공하고, 비수도권 AI센터 설립 시 규제를 완화하는 등 분산형 AI 생태계 조성을 위한 제도적 기반을 마련 중이다.

결국 한국은 공공 인프라 구축, 민간 투자 유도, 이용 환경 개선이라는 세 축을 통해, 기술력과 공공성을 아우르는 지속 가능한 AI 인프라 강국으로 도약하려는 전략을 펼치고 있다. 핵심은 구축보다 운영이며, 실효성 있는 운영 체계가 뒷받침되어야 한다.

민간 기업의 GPU 인프라 투자 전략: 파운데이션 모델 경쟁 시대의 기반 구축

초거대 AI 시대를 맞아 국내 주요 기업들도 GPU 인프라에 전략적으로 투자하며 파운데이션 모델 경쟁에 적극 나서고 있다. 네이버, 카카오, LG, SK텔레콤 등은 각기 다른 방식으로 고성능 연산 자원을 확보하며 국내 AI 인프라 생태계의 다양성과 유연성을 높이고 있다.

네이버는 자체 슈퍼컴퓨터 '세종'을 구축하고, 한국어 초거대 모델 '하이퍼클로바' 개발을 주도하고 있다. 세종은 2,240개의 A100 GPU를 기반으로 세계 슈퍼컴 순위에도 오를 만큼 고성능을 자랑한다. 최근에는 삼성전자와 협력해 AI 전용 칩을 도입하며 하드웨어 다변화에 나섰고, 2024년까지 최대 20만 개의 AI 반도체를 확보할 계획이다.

카카오는 자회사 카카오브레인을 통해 자체 GPU 팜과 클라우드 자원을 병행 활용하며 KoGPT 등 다양한 모델을 개발해 왔다. 특히 오픈AI와의 협력을 통해 차세대

AI 서비스를 공동 개발하는 등 글로벌 기술력을 흡수하려는 시도도 눈에 띈다. 자체 인프라 구축과 외부 자원 활용을 조합한 하이브리드 전략으로 유연성을 확보하고 있다.

LG는 자체 인프라 대신 글로벌 클라우드를 적극 활용하는 전략을 펼친다. 초거대 멀티모달 모델 '엑사원(Exaone)'은 AWS와 구글 클라우드의 GPU, TPU를 활용해 개발되었고, 이를 통해 개발 비용과 메모리 사용을 크게 줄였다. 클라우드 중심 전략은 초기 투자 부담을 줄이는 동시에 최신 기술을 빠르게 도입할 수 있는 장점이 있다.

SK텔레콤은 가장 적극적인 행보를 보이고 있다. 2023년 AI 전용 데이터 센터를 완공하고, GPU 구독형 클라우드 서비스(GPUaaS)를 국내 최초로 출시했다. 람다와의 협력으로 국내에 클라우드 리전을 유치했으며, 2025년까지 비수도권에 6만 장 규모의 GPU를 갖춘 초대형 AI 데이터 센터도 추가로 구축할 계획이다. 이를 통해 AI 인프라 임대 사업과 자사 서비스 고도화를 동시에 추진하고 있다.

이처럼 각 기업은 자체 구축, 글로벌 클라우드 활용, 외부 협력 등 다양한 방식으로 AI 인프라를 확장하고 있다. 이는 정부의 국가 AI 컴퓨팅 센터 구축 전략과 상호 보완적 관계를 이루며, 공공과 민간이 함께 대한민국 AI 경쟁력의 기반을 다지는 이중 엔진 역할을 하고 있다. 민관이 함께 만드는 이러한 협력 생태계는 앞으로 AI 산업 혁신의 핵심 자산이 될 것이다.

GPU 자원 최적화 및 클라우드 활용 전략: 효율성과 지속 가능성을 위한 기술 해법

초거대 AI 시대, GPU는 인공지능 개발의 핵심 자원이다. 그러나 단순한 확보보다 효율적인 활용이 더욱 중요하며, 이는 경제성과 지속 가능성의 관건이 된다. 이에 따라 산업계와 연구계는 GPU 최적화 및 클라우드 활용 전략을 고도화하고 있다.

첫째, 분산 학습 기술은 대규모 모델 학습의 기반이다. 데이터 병렬화, 모델 병렬화, 파이프라인 병렬화 등 다양한 방식이 활용되며, 엔브이링크(NVLink), 인피니밴드(InfiniBand) 같은 고속 통신 기술과 파이토치(PyTorch DDP), 딥스피드(DeepSpeed) 등의 툴이 이를 지원한다.

둘째, GPU 가상화 및 컨테이너 기술은 자원 활용률을 높인다. A100 GPU의 다중 분할 기능(MIG, Multi-

Instance GPU) 기능과 vGPU 기술을 통해 하나의 GPU를 다수 사용자와 작업에 분할 제공할 수 있고, 쿠버네티스(Kubernetes) 기반 스케줄링 시스템으로 자원 할당과 회수가 자동화된다.

셋째, 클라우드 활용 전략은 인프라 접근성과 확장성을 높인다. 스타트업은 퍼블릭 클라우드로 초기 비용 부담을 줄이고, 대기업은 자체 인프라와 클라우드를 결합한 하이브리드 전략을 택하고 있다. SK텔레콤의 GPUaaS 사례가 대표적이다.

넷째, 소프트웨어 최적화와 모델 경량화는 GPU의 지속 가능성을 높인다. 혼합 정밀도 학습, 양자화, 지식 증류 등은 연산 속도와 메모리 효율을 개선하고, 추론 시 자원 소모를 줄인다.

결국, GPU 인프라의 진정한 경쟁력은 '수량'이 아니라 '활용 구조'에 있다. 병렬화, 가상화, 클라우드 연계, 소프트웨어 최적화 등 기술의 유기적 결합이 지속 가능한 AI 운영의 핵심 전략이 된다.

주요국의 AI 인프라 구축 현황과 한국의 비교

2025년 5월 현재, 세계 주요국들은 AI 경쟁력 확보를 위해 국가 단위의 고성능 컴퓨팅 인프라 구축에 속도를 내고 있다. 초거대 AI 모델이 산업 혁신의 핵심 동력으로 떠오르며, GPU 중심의 AI 인프라는 이제 국가 전략 자산으로 간주되고 있다. 이에 따라 미국과 영국은 각기 다른 전략을 펼치고 있으며, 한국도 민관 협력 기반의 투자를 확대하며 대응에 나서고 있다.

미국은 민간 주도로 초대형 AI 인프라를 빠르게 확장 중이다. 메타는 130만 개 GPU 확보와 함께 약 600억 달러 규모의 인프라 투자를 진행 중이며, 마이크로소프트, 구글, 아마존도 각자의 클라우드와 AI 전용 칩을 활용해 경쟁에 나서고 있다. 공공 부문에서도 프런티어 · 오로라 슈퍼컴 등 엑사플롭스급 HPC 인프라가 운영 중이며, NAIRR(National Artificial Intelligence Research Resource, 국가인공지능연구자원)를 통해 중소기업과 연구 기관에 공공 GPU 자원 접근을 확대하고 있다.

영국은 인프라의 열세를 극복하기 위해 국가 주도의 AI 클라우드 플랫폼 구축에 나섰다. 케임브리지와 브리스톨에 설치된 '돈(Dawn)'과 '이삼바드-AI(Isambard-AI)' 슈퍼컴은 통합 운영되며, 공공과 민간에 개방형으로 제공된다. 정부는 인프라뿐만 아니라 AI 성장 구역 지정, 에너지 기반 연계 정책 등도 병행하며 제도 기반을 정비하고 있다.

EU는 범유럽 슈퍼컴 연합체(EuroHPC)를 통해 공동 인프라를 운영 중이며, 일본은 슈퍼컴퓨터 후가쿠(富岳)를 활용한 AI 실증을 진행하고 있다. 중국은 기술 제재에 대응해 자국산 AI 칩 개발과 함께 대규모 GPU 인프라를 자국 내에 집중하고 있다.

한국은 현재 국가 AI 인프라 구축의 초기 단계로, 정부와 민간이 동시에 인프라 확보에 나서고 있다. 과학기술정보통신부는 2027년까지 1.5만 개 GPU를 갖춘 국가 AI 컴퓨팅 센터를 조성할 예정이며, SK텔레콤은 별도로 6만 개 GPU 규모의 데이터 센터를 계획 중이다. 민간 기업인 네이버, 카카오, LG도 각각 자체 데이터 센터 구축, 클라우드 활용, 전용 AI 반도체 도입 등을 통해 AI 역량을 강화하고 있다.

미국은 민간 주도의 집중 전략, 영국은 공공 중심의 분산 전략을 택하고 있는 반면, 한국은 양자의 균형을 모색하는 민관 융합형 접근을 추구 중이다. 하지만 아직 도입 단계에 있는 만큼, 국제 사례에서 교훈을 얻어 인프라의 지속 가능성, 공공성, 활용성을 중심으로 설계와 운영 체계를 정교화해야 한다.

궁극적으로 중요한 것은 단순한 GPU 확보가 아니라, 누가 어떻게 활용하고 지속적으로 운영할 것인가다. 이를 위해선 GPU 자원 최적화, 클라우드 연계, 인재 양성, 개방형 운영 모델 등 종합적인 생태계 구축 전략이 병행되어야 하며, 이를 통해 한국이 AI 인프라 경쟁에서 추격자를 넘어 선도국으로 도약할 수 있을 것이다.

파운데이션 모델 시대, 지속 가능한 AI 인프라 전략의 조건

파운데이션 모델의 성공적 운영은 단순한 GPU 확보를 넘어, 효율적 자원 활용, 개방성, 정책적 지속성이 핵심이다.

우선, 공공 GPU 인프라는 폭넓게 개방되어야 한다. 광주 AI 데이터 센터처럼 스타트업과 연구자에게 개방된 사례는 긍정적이나, 장기 운영을 위해선 무료 · 유료 혼합 운영과 안정적 예산 편성이 병행되어야 한다. 이용자 수요 기반의 운영 개선도 필수다.

중소기업 지원도 중요하다. 클라우드 크레디트, 테스트 베드, 소규모 GPU 팜 개방, 기술 자문 등 실질적 인프라 접근성을 높이는 지원이 필요하다.

민관 협력은 필수다. 공동 투자와 운영을 위한 컨소시엄 참여 확대, 전력 · 세제 · 인허가 지원, 산학 협력 등을 통해 균형 잡힌 협력 모델을 구축해야 한다.

지속적 업그레이드와 친환경 운영 전략도 필요하다. 장기 투자 로드맵, 재생 에너지 활용, 폐열 재사용 등 환경성과 경제성을 동시에 고려해야 한다.

이를 조율할 통합 거버넌스 체계도 요구된다. 현재 분산된 정책을 통합 조정하고, 공공 데이터세트 활용을 위한 법제 정비와 데이터 가이드라인 마련이 필요하다.

마지막으로, 전문 인재 양성 없이는 인프라도 의미 없다. HPC-AI 융합 교육, 실습 기반 훈련, 민간 클러스터 개방 등으로 실전형 인재 생태계를 조성해야 한다.

결국, 한국은 정책 지속성, 개방성, 접근성, 협력성, 기술 최적화, 인재 양성이 유기적으로 맞물리는 전략을 통해 AI 인프라 선도국으로 도약해야 한다. 단기 성과보다 장기적이고 균형 잡힌 정책 설계가 미래 AI 혁신의 핵심 기반이 될 것이다.

참고문헌

박지성(2025.1). SK텔레콤, 가산 AIDC 개소… 람다와 GPUaaS 첫 제공. 전자신문, https://www.etnews.com/20250113000023

박진준(2025.4). [단독] 1조 원 들여 GPU 산다더니… 있는 GPU도 절반 놀아. MBC 뉴스데스크, https://imnews.imbc.com/replay/2025/nwdesk/article/6704491_36799.html

최지희(2025.1). '국가 AI 컴퓨팅 센터' 2027년까지 구축. 《한국일보》, https://www.hankookilbo.com/News/Read/A2025012214430005442

NVIDIA Korea 공식 블로그(2023.11). 네이버 '세종' 슈퍼컴퓨터에 엔비디아 A100 텐서 코어 GPU 탑재, https://blogs.nvidia.co.kr/blog/sejong-supercomputer/

Butler, G.(2024.9). LG AI Research uses Google Cloud infrastructure to train Exaone 3.0 genAI models. DatacenterDynamics, https://www.datacenterdynamics.com/en/news/lg-ai-research-uses-google-cloud-infrastructure-to-train-exaone-30-genai-models/

Jeong-Soo Hwang.(2025.7). Samsung to supply $752 million in Mach-1 AI chips to Naver, replace Nvidia, https://www.kedglobal.com/korean-chipmakers/newsView/ked202403220004

Lee, K. et al.(2024.3). Building Meta's GenAI Infrastructure. Engineering at Meta, https://engineering.fb.com/2024/03/12/data-center-engineering/building-metas-genai-infrastructure

UK Research and Innovation(2023.11). £300 million to launch first phase of new AI Research Resource, https://www.ukri.org/news/300-million-to-launch-first-phase-of-new-ai-research-resource/

09
공공 서비스와 AI 통합 전략

인공지능은 공공 행정의 업무 방식과 정책 결정 구조 전반을 혁신하는 핵심 동력으로 자리 잡고 있다. 한국 정부는 '공공 부문 AI 대전환 종합대책'을 중심으로 행정 자동화, 대민 서비스 개선, 예산 효율화, 정책 결정 지원 등 다양한 분야에서 AI 활용을 본격화하고 있다. 이러한 AI 통합 전략이 행정 현장에 가져온 변화와 그 의미를 네 가지 측면에서 살펴본다.

AI와 화장품?

공공 행정의 AI 대전환: 자동화에서 정책까지

AI 기술의 발전은 정부와 공공 부문에 근본적인 변화를 불러오고 있다. 한국 정부도 행정의 효율성과 국민 서비스의 질을 높이기 위해 AI 도입을 본격화하고 있으며, 특히 행정안전부는 2025년 상반기 '공공 부문 AI 대전환 종합대책'을 마련해 전 공공 기관으로의 AI 활용 확대를 추진하고 있다.

AI는 반복적인 업무로 인한 공무원의 부담을 줄이는 동시에, 국민에게는 보다 빠르고 정확한 행정 서비스를 제공함으로써 수용성과 기대감을 높이고 있다. 이 장에서는 이러한 AI 통합 전략을 네 가지 측면에서 살펴본다. 첫째, RPA(로봇 프로세스 자동화)와 AI를 활용한 행정 업무 자동화가 공무원의 생산성을 어떻게 높이고 있는지, 둘째, 챗봇과 음성봇 등 기술이 대민 서비스의 접근성과 편의성을 어떻게 향상하는지를 살핀다. 셋째, AI가 예산 집행과 자원 배분의 효율화를 어떻게 유도하는지를 분석하고, 넷째, 데이터 기반의 AI가 정책 수립 과정에 어떤 영향을 미치고 있는지를 실제 사례를 통해 설명한다.

각 분야는 중앙 정부와 지자체의 사례를 중심으로 현황과 정책 방향을 점검하고, AI가 행정 혁신에 미치는 의

미를 조명한다. 아울러 행정 효율성, 국민 만족도, 비용 절감 측면에서의 기대 효과를 정리하고, AI 시대에 부합하는 공공 거버넌스의 전환 방향도 함께 제시한다. 우리는 지금 기술과 함께 공공 서비스가 본질적으로 변화하는 전환점에 서 있으며, 이 장은 그 변화의 실체와 향후 전략을 탐색한다.

AI 기반 행정 자동화: 공공 부문 혁신의 핵심 동력

공공 부문에서 가장 핵심적인 AI 통합 전략은 행정 업무의 자동화다. 이는 공무원이 수행하던 단순·반복 업무를 AI와 RPA 기술로 대체하거나 지원함으로써, 업무 속도와 정확성을 높이고 공무원이 보다 창의적·전략적인 업무에 집중할 수 있도록 하는 것이다. 이러한 변화는 행정 효율성뿐 아니라 조직 문화 개선에도 긍정적인 영향을 미치고 있다.

대표 사례로 경기도는 2024년 말까지 광역 버스 혼잡도 분석, 법령 검토, 행정 자료 입력 등 8개 분야에 RPA를 도입했다. 특히 매주 수백 건의 교통 데이터를 분석하던 작업은 연간 1,382시간에서 192시간으로 단축돼 약 1,190시간을 절감했고, 초과 근무수당 계산 등 다른 업무에서도 연간 4,600시간 절감이 예상된다. 공무원들의 야근 감소, 피로도 완화, 정책 기획 및 주민 소통 등 고부가가치 업무로의 전환이 가능해졌다.

이러한 자동화는 중앙 정부 차원에서도 확산 중이다. 행정안전부는 공통 활용 가능한 AI 기반 도구를 표준화해 중복 개발을 방지하고 있으며, 한 기관의 성공 사례가 다른 기관으로 손쉽게 공유·확산되는 구조를 구축하고 있다. 경기도의 운영 사례 역시 문서 분류, 회계 처리 등 타 지역과 부처로 확장되고 있다.

인사혁신처는 공무원들의 AI 이해도와 활용 능력을 높이기 위해 《AI 업무활용 가이드》를 발간하며, 현장 중심의 실용적 확산을 지원하고 있다.

요컨대, AI 기반 행정 자동화는 공공 부문 업무 방식의 근본적 전환을 이끌며, 정책 집행의 신속성과 서비스 품질 향상, 공무원 만족도 제고 등 다양한 효과를 창출하고 있다. 이는 한국형 디지털 정부로의 전환을 가속화하는 핵심 동력이자, AI와 함께 일하는 공공 조직의 새로운 표준으로 자리 잡아 가고 있다.

AI 기반 대민 서비스: 국민 체감 행정 혁신의 최전선

AI 통합 전략의 두 번째 핵심은 대민 서비스의 품질 개선이다. 이는 행정 서비스의 접근성과 신속성, 그리고 맞춤형 제공 역량을 강화해 국민 만족도를 높이려는 전략적 접근이며, AI 도입 효과가 가장 빠르게 나타나는 분야 중 하나다.

대표적인 사례로는 24시간 행정 응대를 가능하게 한 AI 챗봇 '굿피(GoodPy)'가 있다. 굿피는 복지 조회, 증명서 발급, 백신 예약 등 다양한 서비스를 하나의 앱에서 제공하며, 친숙한 플랫폼에서 작동해 접근성을 높이고 있다. 특히 출산, 면허 갱신 등 생애 주기별 정보를 선제적으로 안내하며 적극행정의 가능성을 보여 준다.

지방 정부도 AI 챗봇과 음성봇을 활용해 시민 문의 대응과 콜센터 업무를 자동화하고 있다. 경기도는 AI 노인 말벗 서비스를 통해 독거노인의 안부를 확인하고 응급 상황에 대응하는 등 복지 사각지대 해소에도 AI를 활용하고 있다.

이처럼 AI는 비대면·상시 민원 서비스를 확대하고, 행정 시스템 간 데이터 연계를 통해 민원서류를 간소화하는 등 국민 편의를 획기적으로 향상하고 있다. 향후 AI

기술이 더욱 발전하면, 행정은 정보를 '찾는' 방식에서 '찾아오는' 방식으로 진화하며, 국민 중심 정부 구현의 새로운 기준이 될 것이다.

AI를 통한 공공 예산의 효율화: 비용 절감과 재정 투명성의 동력

공공 부문 AI 통합 전략의 세 번째 핵심은 예산의 효율화다. AI는 초기 도입 시 일정한 비용이 들지만, 업무 생산성 향상, 인건비 절감, 행정 정밀도 제고를 통해 중장기적으로 상당한 비용 절감 효과를 낸다.

예를 들어, 경기도는 RPA 시스템 도입으로 연간 1만 시간의 공무원 근무 시간을 절약해 추가 인력 없이 자원을 효율적으로 재배치할 수 있었다. 단순 반복 업무의 자동화는 인건비 절감뿐 아니라, 과태료 부과 등 업무의 오류 감소와 재정 집행의 신뢰성 향상에도 기여하고 있다.

AI는 예산 편성과 배정 과정에서도 정교한 의사 결정을 지원한다. 복지 예산의 경우, 지역별 고령화 · 소득 · 이용률 데이터를 분석해 필요한 곳에 선제적으로 자원을 배분할 수 있다. 보건복지부의 위기 가구 판별 시스템은 복지 대상자를 정확히 선별해 재정 누수를 막고, 효과적인 지원이 가능하도록 돕고 있다.

데이터 통합 전략도 예산 효율화를 가속화하고 있다. 행정안전부는 25만 건 이상의 데이터를 통합한 '국가공유데이터 플랫폼'을 구축 중이며, 이는 부처 간 중복 구축 비용을 줄이고, 공공 데이터의 재활용 가치를 높이는 기반이 된다. 예를 들어 한 지자체의 교통 예측 데이터가 다른 지자체에서도 재활용 가능하다면, 불필요한 예산 낭비를 방지할 수 있다.

이와 함께 정부는 범정부 AI 공통 기술 플랫폼을 통해 음성 인식, 챗봇, 자연어 분석 등 AI 기능을 표준화해 각 기관이 별도 개발에 드는 예산을 절감하고, 시스템 간 호환성과 효율성을 높이려 하고 있다.

결국 AI는 공공 부문의 작은 비효율을 줄이고, 중복 행정과 낭비 지출을 억제하는 핵심 도구가 되고 있다. 정부 내부에서도 AI를 조직 슬림화와 예산 절감을 위한 전략적 투자로 인식하고 있으며, 실질적 성과가 축적되면서 이러한 움직임은 더욱 가속화될 전망이다. 이는 국민의 세금이 더 가치 있게 쓰이는 행정 환경, 즉 투명하고 책임 있는 공공 재정 운영을 위한 중요한 전환점이 되고 있다.

AI와 정책 결정: 데이터 기반 행정의 혁신 파트너

공공 부문 AI 통합 전략의 네 번째 축은 정책 결정 지원이다. AI는 방대한 행정 데이터를 실시간으로 분석해 정책 수립에 필요한 과학적 근거를 제공하고, 행정의 정밀성과 효율성을 높이는 핵심 도구로 작용한다.

예를 들어, 국민 신문고 민원이나 여론 데이터를 AI가 자동으로 분석해 국민의 불편과 정책 수요를 신속히 파악할 수 있다. 과거 수작업으로 처리하던 민원 분석은 이제 실시간 대응이 가능해졌으며, 지역별 · 분야별로 정책 개선 방향을 제시하는 데도 활용되고 있다.

복지 분야에서는 단전, 단수, 보험료 체납 등 다양한 데이터를 바탕으로 AI가 위기 가구를 조기에 선별하고, 상담을 연계해 복지 사각지대를 줄이는 데 기여하고 있다. 치안과 재난 관리 분야에서도 AI는 범죄 발생 예측, 순찰 인력 배치, 위험 지역 분석 등에 활용되며 예측 중심 행정으로의 전환을 이끌고 있다.

통계청은 AI를 활용해 인구 조사 등 통계 분류 작업의 정확도와 속도를 크게 개선했으며, 앞으로는 초거대 AI 기반의 통계 비서를 통해 공무원이나 국민이 질문만 입력하면 필요한 통계를 실시간으로 제공받을 수 있도록

할 계획이다.

정부는 데이터 기반 행정법 개정과 AI 영향 평가 제도 도입 등을 통해 이러한 정책 결정 지원 기능을 제도적으로 뒷받침하고 있으며, 향후에는 정책 초안 단계에서 AI가 효과와 국민 영향을 사전에 시뮬레이션해 주는 시스템도 추진 중이다. AI는 궁극적으로 더 민첩하고 정밀한 정책 결정을 가능하게 하는 지능형 조력자로서의 역할을 점차 확대해 나가고 있다.

지속 가능한 공공 부문 AI 통합을 위한 전략 방향

AI는 행정 자동화, 대민 서비스, 예산 효율화, 정책 결정 지원 등 네 가지 분야에서 공공 부문에 실질적인 변화를 일으키고 있다. 이러한 혁신을 지속 가능하게 확산시키기 위해 다음과 같은 전략이 필요하다.

첫째, 중앙 정부가 기술과 데이터를 통합 관리하는 표준화된 공공 AI 플랫폼을 구축해야 한다. '공공 부문 AI 대전환 종합대책'은 전 기관이 활용할 수 있는 공통 인프라를 제시해 중복 투자를 방지하고 확산 기반을 마련하고 있다.

둘째, 시범 사업을 통해 효과를 검증한 후 표준화해 확산하는 단계적 전략이 필요하다. 경기도의 AI 노인말벗, 복지부의 AI 상담 시스템은 이러한 접근의 대표 사례다.

셋째, 민관 협력을 통해 기술력을 확보하고, 대학·연구 기관과의 공동 연구로 공공 AI의 혁신 기반을 넓혀야 한다.

넷째, 공무원의 디지털 역량 강화와 함께 AI 전담 조직, 최고 데이터 책임자(CDO, Chief Data Officer) 신설 등을 통해 데이터 기반 의사 결정 체계를 정착시켜야 한다.

이러한 전략은 단순한 기술 도입을 넘어 국민에게 신뢰받는 공공 서비스를 구현하는 데 목적이 있다. AI는 단기 유행이 아니라 행정의 핵심 인프라로 기능해야 하며, 전략적·구조적·문화적 기반이 함께 뒷받침될 때 행정 혁신의 중심축으로 자리매김할 수 있다.

참고문헌

경기도청(2024.11). 'AI 기반 업무자동화 도입으로 행정 효율 극대화. 연간 1만 시간 단축'. 경기도뉴스포털, https://gnews.gg.go.kr/briefing/brief_gongbo_view.do?BS_CODE=s017&number=63855

뉴스핌(2025.3). 화성시, 전국 최초 AI 활용 '스쿨존·공영버스 안전사고' 예방,

https://www.newspim.com/news/view/20250325000736
보건복지부(2024.11). '어려움 겪는 위기 가구 찾기 위해 인공지능(AI) 전화 초기상담 전국 시행', https://www.mohw.go.kr/board.es?mid=a10503000000&bid=0027&list_no=1483698&act=view&
양정우(2025.1). 공공 부문도 'AI 대전환' … 범정부 AI 활용시스템 도입한다. 연합뉴스, https://www.yna.co.kr/view/AKR20250114080900530
임영모 외(2025.4.30.). 2024년 공공 부문 AI 도입 현황 연구. 소프트웨어정책연구소, https://spri.kr/posts/view/23866?code=data_all&study_type=research
한영민(2025.3). 경사원 'AI 노인말벗서비스' 행안부 우수사례 선정. 전국매일신문, https://www.jeonmae.co.kr/news/articleView.html?idxno=1127357
Kim, D. & Kim, Y.(2022.5). Public service information at your fingertips. Governance for Development(World Bank Blog), https://blogs.worldbank.org/en/governance/public-service-information-your-fingertips

10
기대 효과와 거버넌스 전환

인공지능의 도입은 행정 효율성 향상, 국민 만족도 증대, 재정 절감 등 공공 서비스 전반의 혁신을 이끌고 있다. 반복 업무 자동화부터 맞춤형 서비스 제공, 예산 집행의 정밀화까지 행정 운영과 국민 체감이 함께 변화하고 있다. 이러한 기대 효과를 중심으로 AI 기반 행정의 성과를 살펴보고, 이를 지속 가능하게 뒷받침할 공공 거버넌스 전환 방향을 네 가지 관점에서 제시한다.

종교와 AI?

공공 서비스 혁신을 이끄는 AI: 효율성, 만족도, 재정 절감의 삼중 효과

공공 서비스에 인공지능을 통합하면 행정 수행 방식이 근본적으로 변화하고, 서비스 전달 체계가 고도화된다. 그 결과, 업무 효율성 향상, 국민 만족도 증대, 공공 재정 절감이라는 효과가 유기적으로 나타난다. 이는 AI가 단순한 기술을 넘어 행정 혁신과 사회적 가치 실현의 핵심 수단임을 보여 준다.

행정 효율성 제고

AI 도입은 공공 부문에서 가장 빠르고 가시적인 성과를 보이는 분야로, 행정 효율성을 크게 높이고 있다. 과거 수작업에 의존하던 업무들이 AI의 연산 능력과 자동화 기술로 신속하고 정확하게 처리되면서, 단순한 기술 대체를 넘어 행정 전반의 품질과 처리 속도가 함께 향상되고 있다. 예를 들어, 통계청은 AI 기반 분류 시스템을 통해 기존보다 최대 17배 빠르게 통계 작업을 수행하고, 경기도는 RPA(로봇 프로세스 자동화)를 통해 연간 약 1만 시간을 절감했다. 이는 단기간의 성과라기보다, 반복 절차를 정비하고 현장의 문제를 세밀히 분석한 결과다.

AI는 실무에서도 일정 관리, 보고서 초안 작성, 공문

정리 등을 지원하며 공무원의 부담을 줄이고 집중도를 높인다. 절감된 시간이 누적되며 조직의 생산성과 대응 속도도 향상되는 효과가 나타난다. 또 AI는 24시간 작동할 수 있어 야간이나 주말에도 행정 서비스가 중단되지 않는다. 특히 재난 대응, 긴급 신고, 범죄 예측 등에서는 실시간 모니터링과 자동 경보를 통해 빠른 대응이 가능해지며, 이는 국민의 생명과 안전을 지키는 데 중요한 역할을 한다.

무엇보다 반복 업무에서 벗어난 공무원들은 더 창의적이고 가치 있는 일에 집중할 수 있어 업무 만족도도 높아지고 있다. 이는 AI에 대한 수용성과 신뢰를 높이는 긍정적 순환을 만들어 낸다. 결국 AI는 '작지만 강한 정부'를 실현하는 기반이자, 공공 서비스의 질을 높이고 지속 가능한 행정 운영을 위한 핵심 동력으로 자리 잡고 있다. 이러한 흐름은 앞으로 더욱 다양한 분야로 확산되며, 국민에게 더 나은 서비스를 제공하는 기반이 될 것이다.

국민 체감 만족도 향상

AI 기반 행정 서비스의 최종 수혜자는 국민이다. 따라서 공공 부문에서 AI를 도입할 때, 국민이 체감하는 편익과 만족도는 핵심 성과 지표로 간주된다. 최근 민원 응대 중심의 대민 서비스 분야에서 AI는 국민 불편을 줄이고 행정 신뢰를 높이는 데 뚜렷한 효과를 보이고 있다.

AI 챗봇과 자동화 민원 시스템은 행정 이용의 번거로움을 줄인다. 단순 문의에 며칠을 기다리거나 여러 부서에 반복 설명하던 불편 없이, 통합 AI 창구에서 실시간 응대가 가능해졌다. 챗봇은 일관된 답변과 친절한 태도로 응대 품질의 편차도 줄여 준다.

또 AI는 개인 맞춤형 서비스 제공을 가능하게 한다. 예를 들어, 출생 신고 후 예방 접종 일정이나 양육 수당 신청 정보를 선제적으로 안내받는 서비스는 국민이 '챙김 받고 있다'는 신뢰감을 느끼게 한다.

포용적 행정 실현에도 AI는 큰 역할을 한다. 고령자, 장애인, 직장인 등 다양한 계층이 시간 · 공간 제약 없이 행정 정보에 접근할 수 있고, 청각 장애인은 텍스트 응대, 다문화 가정은 번역 기반 서비스로 언어 장벽 없이 지원받는 사례도 늘고 있다.

결국 AI 행정은 단순 효율성뿐 아니라 더 친절하고 세심한, 모두를 위한 행정을 구현하고 있다. 국민은 실질적인 도움을 경험하며, 정부에 대한 신뢰와 참여가 높아지고 있으며, AI는 민주적이고 포용적인 행정의 중심축으로 자리매김하고 있다.

비용 절감 및 재정 효율화

AI는 공공 부문에서 행정의 효율성을 높이는 동시에, 예산 절감과 재정 건전성 확보에도 기여하고 있다. 자동화를 통해 반복 업무에 소요되는 시간과 인력을 줄이면서 인건비와 운영비를 절감하고, 생성형 AI 기반 보고서 작성이나 전자 결재 시스템 연계를 통해 전력·사무용품 비용 등 간접 지출도 감소하고 있다.

AI 챗봇 같은 무인 상담 시스템은 콜센터 운영 비용을 낮추고 상담 인력의 부담을 줄여, 절감된 예산이 다른 핵심 정책 분야에 재투자될 수 있는 여력을 만든다. 이는 단기 비용 절감은 물론, 장기적 예산 운용의 유연성과 지속 가능성 제고에도 도움이 된다.

AI는 예산 누수와 부정 수급 방지에도 효과적이다. 복지 분야에선 중복 지원이나 부정 수혜를 조기에 감지하고, 국세청·감사원 등에서는 비정상적 예산 집행이나 오류를 AI가 선제적으로 탐지해 세금 집행의 신뢰성과 투명성을 높이고 있다.

AI는 시스템이 구축되고 학습이 완료되면, 유지 관리 외에는 추가 비용 없이 지속적 서비스를 제공할 수 있어 시간이 지날수록 편익이 누적되는 구조를 갖는다. 이를 위해 정부는 상용 설루션 활용과 공통 모듈 개발을 통해 기관 간 공유와 규모의 경제를 실현하고 있다.

결국 AI는 단순 기술이 아닌, 공공 서비스의 질과 행정 신뢰도를 높이는 전략 자산으로 부상하고 있다. 이를 안정적이고 지속 가능하게 활용하기 위해서는 제도, 조직 문화, 운영 방식 등 거버넌스 전반의 구조적 전환이 병행되어야 한다.

AI 시대에 적합한 공공 거버넌스의 방향의 네 가지 관점

AI 기술의 행정 확산에 따라, 공공 거버넌스도 이에 맞는 새로운 원칙과 구조로의 전환이 요구된다. 이 전략은 책임성, 투명성, 법 · 제도 정비, 조직 문화 변화의 네 가지 관점을 통해 기술 중심이 아닌 사람 중심의 행정을 지향하며, AI가 국민의 신뢰 속에서 공공의 이익을 실현하고 지속 가능한 디지털 전환을 이끄는 기반을 제시한다.

책임성 확보: AI 시대의 행정 책임 원칙

AI 기술이 행정 업무와 정책 결정에 본격 도입되면서, 공공 거버넌스의 핵심 과제로 책임성 확보가 부상하고 있다. 정책 결정과 그 결과에 대해 누가 최종 책임을 지는지를 명확히 하는 것은 국민의 신뢰와 직결되며, AI의 관여가 깊어질수록 책임 소재가 모호해질 수 있다.

이에 따라 한국 정부는 "AI가 보조하더라도 최종 결정은 인간이 내린다"는 원칙을 견지하고 있다. AI 분석을 바탕으로 정책이 시행되더라도 그 결과에 대한 책임은 해당 기관과 관리자에게 있으며, 각 기관은 AI 활용 단계별 책임 주체를 명확히 하고, 인간의 검증 절차를 필수화하고 있다. 이 원칙은 기술 효율성과 사회적 책임 간 균형을 위한 노력이다. 일부 국가에서 AI에 의사 결정 권한을 부여하려는 논의가 있는 반면, 한국은 공공성과 책임 연속성을 중시하며 신중하게 접근하고 있다.

또 정부는 'AI 영향 평가' 제도와 '응급조치 매뉴얼'을 통해 AI의 오류나 편향으로 인한 부작용에 대비하고 있으며, "AI 활용 결과의 최종 책임은 기관장에게 있다"는 법제화 논의도 진행 중이다. 결국, AI 시대의 행정은 기술 자체보다 책임 구조의 명확화가 핵심이다. 명확한 책임 체계는 신뢰받는 공공 AI 운영의 필수 기반이 된다.

투명한 운영: 알고리즘의 설명 가능성과 공개

투명성은 AI 시대 공공 거버넌스의 핵심 가치다. 행정 의사 결정에 AI가 개입하는 경우, 그 판단의 기준과 작동 원리가 국민에게 설명 가능해야 민주적 정당성을 확보할 수 있다. 특히 딥 러닝 기반 AI는 복잡한 구조로 인해 '블랙박스'가 되기 쉬워, 신뢰 저하로 이어질 수 있다.

이를 해결하기 위해 '설명 가능한 AI(XAI)' 도입과 함께, 국민이 AI 결정에 대해 설명을 요구할 수 있는 권리의 제도화가 필요하다. 예를 들어, 사회 복지 대상 선정을 AI가 수행한 경우, 주요 판단 근거와 데이터 종류, 알고리즘 구조 등 핵심 정보가 공개되어야 한다.

한국 정부는 이를 위한 법령과 가이드라인 정비를 추진하고 있으며, 각 기관의 AI 활용 현황을 정기적으로 조사 · 공개하고 'AI 관리대장'을 통해 국민 참여를 유도하고 있다.

성별 · 지역 · 소득 등에 따른 편향적 결과가 나타날 경우 이를 투명하게 공개하고 시정하는 제도적 장치도 마련 중이다. 윤리 기준과 편향성 테스트 공개, 개선 절차 도입 등이 이에 해당한다. 결국, AI 도입 이후에도 '감추지 않는 운영'이 기본이 되어야 하며, 이는 시민의 알 권리를 보장하고 민주적 거버넌스를 실현하는 핵심 공공 윤리가 되어야 한다.

법·제도 개편: 새로운 기술을 담는 그릇

인공지능의 행정 도입은 기존 법 · 제도와의 충돌이나

공백 문제를 동반한다. 행정은 법적 정당성과 절차적 정합성을 바탕으로 하므로, 기술 도입 시 기존 법체계와의 정합성 확보가 핵심 과제다. 이에 따라 한국 정부는 디지털 행정과 AI 활용을 지원하기 위한 법·제도 정비를 적극 추진하고 있다.

예를 들어, 「데이터 기반 행정 활성화법」 개정안은 공공 기관의 AI 활용을 명시하고, AI 영향 평가, 데이터 공유 확대, 가이드라인의 법적 근거 마련 등을 포함해 공무원이 안심하고 AI를 활용할 수 있는 기반을 제공한다.

「전자정부법」 등에도 AI 관련 조항이 추가되어, 자동화된 행정 처리 결과는 국민에게 통지하고, 중대한 결정은 사람이 최종 판단하도록 규정하고 있다. 이는 책임성과 절차적 정당성을 확보하기 위한 장치다.

또한 2023년 제정된 「인공지능 기본법」은 개발·활용, 윤리, 인권 보호 등의 국가 원칙을 명시하고, AI 거버넌스 기구 설립 근거를 마련해 향후 공공 AI 정책의 상위 지침 역할을 하게 된다. 아울러, 행정청이 AI의 판단을 채택한 경우 책임을 지고, 알고리즘 적용 과정과 데이터를 기록·보관해야 하며, 법률이 포괄하지 못하는 부분은 지침, 매뉴얼, 윤리 강령 등으로 보완되고 있다. 이처럼 기술 변화에 발맞춘 법·제도 정비는 공무원의 안정적 활용을 지원하고, 국민에게 신뢰할 수 있는 AI 행정을 보장하는 기반이 된다.

조직 문화 변화: 유연하고 학습하는 정부로

AI 시대 공공 거버넌스 전환에서 핵심 과제 중 하나는 조직 문화의 변화다. 기술 도입은 단순한 시스템 설치를 넘어, 구성원의 사고방식과 업무 태도까지 전환을 요구한다. 특히 전통적 관료제 조직은 유연성과 혁신을 수용하는 방향으로 변화해야 한다.

AI에 대한 막연한 불안과 거부감을 줄이는 것이 출발점이다. 일부 공무원은 역할 축소나 고용 불안을 걱정하지만, AI는 사람을 대체하는 것이 아니라 지원하는 도구라는 인식이 공유돼야 한다. 반복 업무를 AI가 맡고, 공무원은 전략적 과업에 집중해 만족도가 높아진 사례도 나타나고 있다.

이러한 긍정 경험은 조직 전반에 확산돼야 하며, AI를 잘 활용한 직원 포상이나 우수 사례 공유가 심리적 저항을 낮추는 데 효과적이다. 실패를 학습 기회로 삼는 문화도 중요하다. 소규모 시범 사업을 빠르게 시도하고 개선하는 애자일 방식과 실패를 허용하는 리더십이 요구된다.

또한 AI의 효과를 극대화하려면 부서 간 협업과 정보 공유가 필요하다. 협업 성과를 평가에 반영하거나 타 기관 문제 해결에 기여한 사례를 인정함으로써 협력 문화를 조성할 수 있다.

AI 기술 변화에 대응하려면 지속적인 학습도 중요하다. 공무원들이 스터디, 세미나, 온라인 강의 등을 통해 역량을 강화할 수 있는 환경이 필요하다.

결국, AI 도입의 성공 여부는 기술보다 사람과 조직 문화에 달려 있다. 공공 조직은 기술 중심에서 사람 중심, 고립에서 공유로 전환돼야 하며, 이러한 문화 위에서 AI는 공공 가치를 실현하는 지속 가능한 혁신 동력으로 자리 잡을 수 있다.

미래 행정을 향한 조화로운 혁신

한국의 공공 서비스는 인공지능 도입을 통해 행정 자동화, 대민 서비스, 예산 집행, 정책 결정 등 전 분야에서 혁신을 이루고 있다. 이는 단순한 기술 활용을 넘어 행정 운영 방식을 스마트하게 바꾸고, 국민에게는 더 빠르고 개인화된 서비스를 제공하는 방향으로 진화하고 있다. 이러한 변화는 정부와 지자체의 전략, 정책 실험, 공무원의 인식 전환이 함께 만든 결과다. 시행착오를 거치며 기술을 수용 · 내재화한 과정은 한국 행정의 적응력과 실행력을 보여 준다. 물론 AI 행정에는 알고리즘 오류, 기술 편향, 윤리 문제 등 과제가 존재한다. 그러나 한국은 법 · 제도 정비, 조직 문화 개선, 책임성과 투명성 강화 등을 통해 부작용을 최소화하고 있다. 이는 AI를 단순한 효율 도구가 아닌, 인간 중심의 원칙 위에서 활용하려는 노력의 일환이다.

앞으로 AI는 행정의 조력자이자 국민의 상담사로 일상화될 것이다. 국민은 더 신속하고 맞춤형 공공 서비스를 누리게 되며, 행정은 AI 내재화를 통해 디지털 전환을 일상화할 것이다. AI와 사람의 협력은 국민이 체감하는 행정 혁신을 이끌며, 한국은 디지털 시대의 신뢰받는 정부로 한 걸음 더 나아갈 것이다.

참고문헌

권용훈(2025.5). 경기도 'AI 혁신'…행정업무 年 1만시간 절감. 《한국경제》, https://www.hankyung.com/article/2025052051011

뉴스핌(2025.3). 화성시, 전국 최초 AI 활용 '스쿨존·공영버스 안전사고' 예방, https://www.newspim.com/news/view/20250325000736

디지털플랫폼정부위원회(2024.04). AI 활용, 국민 개개인에 맞춤형 '혜택 알리미' 서비스 제공. 대한민국 정책브리핑,

https://www.korea.kr/news/policyNewsView.do?newsId=148928262

디지털플랫폼정부위원회(2025.4). 공공 부문 초거대 AI 활용 가이드라인 2.0, https://www.dpg.go.kr/DPG/contents/DPG02020000.do?schM=view&id=20250416111508521337&schBcid=press

신의수·한재경(2025.2). 인공지능(AI) 활용 적정화를 위한 법제도 고찰: AI 기본법을 중심으로. 《공공사회연구》, https://www.kci.go.kr/kciportal/ci/sereArticleSearch/ciSereArtiView.kci?sereArticleSearchBean.artiId=ART003178673

임호범(2024.10). 통계분류에 AI 활용, 처리속도 17배 빨라져, 《한국경제》, https://www.hankyung.com/article/202410246069h

OECD(2025.5), 'AI for public finance: Potential subnational efficiency gains'. *OECD policy memo,* https://www.oecd.org/content/dam/oecd/en/topics/policy-sub-issues/fiscal-federalism-network/policy-memo-ai-for-public-finance.pdf

윤창희

한국지능정보사회진흥원 AI기술전략팀 수석연구원이다. 경북대학교에서 공학 박사학위를 받았다. 현재 대구교육대학교 AI교육·컴퓨터학과 겸임교수이며, 국제인공지능윤리협회(IAAE) 초거대AI위원회 위원장, OECD AI Index 개발 작업반 전문가[AI Governance Working Group(AIGO) AI Expert], 한국정보처리학회 전자정부연구회 부위원장으로 활동하고 있다. 주요 저서로는 《지속 가능한 공공 파운데이션 모델 구축 및 활용 방안 연구》(2025), 《공공 분야 초거대 AI 활용을 위한 공공 데이터 주권 클라우드 적용방향》(2024), 《카이스트 미래전략 2024》(2023, 공저) 등이 있다. "A Systematic Review on Public Data Sovereign Cloud Application for Large-Scale AI Utilization in the Public Sector"(2024) 등을 KCI, SCI 등 등재 학술지에 게재했다.